El título 42 y el fenómeno migratorio

Dra. Audrey Rivera Gómez

CADUCEUS

EL TÍTULO 42 Y EL FENÓMENO MIGRATORIO
© Dra. Audrey Rivera Gómez

Editado por: Corporación Ígneo, S.A.C.
para su sello editorial Caduceus
Av. Arequipa 185 1380, Urb. Santa Beatriz. Lima, Perú
Primera edición, agosto, 2023

ISBN: 978-612-49366-2-3
Impresión bajo demanda

Hecho el Depósito Legal en la Biblioteca Nacional del Perú N° 2023-07103
Se terminó de imprimir en agosto del 2023 en:
ALEPH IMPRESIONES SRL
Jr. Risso Nro. 580 Lince, Lima

www.grupoigneo.com
Correo electrónico: contacto@grupoigneo.com
Facebook: Grupo Ígneo | Twitter: @editorialigneo | Instagram: @grupoigneo

Contenido

Prefacio

Este libro representa un esfuerzo de investigación de varios años y un interés personal sobre el fenómeno migratorio. El Título 42 tuvo sin lugar a dudas, un fuerte impacto en las corrientes migratorias internacionales, por un corto tiempo fueron cerradas las fronteras terrestres de Estados Unidos con México y Canadá y el tránsito de extranjeros se sujetó a restricciones de viaje.

El Título 42 impactó en el comercio transfronterizo, miles de pequeños negocios fueron cerrados, hubo quiebras y cientos de residentes fronterizos perdieron sus empleos. La frontera entre México y Estados Unidos fue la más afectada, la presión se sintió en los cruces transfronterizos, entre los migrantes internacionales, en las poblaciones de migrantes menores, en las ciudades fronterizas del norte de México y en los expulsados expeditos que vivieron en situación de calle.

Esta realidad, es incomprensible desde una narrativa de hechos, se hace un esfuerzo metodológico para la dilucidación de algunas variables conceptuales y algunas interrogantes que surgen a partir de una cuestión fundamental: ¿Por qué una norma de salud pública se convirtió en una política migratoria?

Agradezco el apoyo epistemológico y la orientación de amigos y estudiosos del fenómeno migratorio quienes, con sus atinados comentarios, enriquecieron las tesis e hipótesis aquí expresadas.

Cabe aclarar que, el enfoque es de mi absoluta autoría; **ni las premisas, ni las opiniones aquí expresadas representan en modo alguno la posición de la Secretaría de Relaciones**

Exteriores, institución en la que me desempeño como Cónsul de México.

Este libro es una investigación académica y, aseguro que, algunas de las premisas serán útiles a investigadores, al público en general y a interesados en el estudio del fenómeno migratorio.

Introducción

Estudios demuestran que el fenómeno migratorio de Estados Unidos se estudia desde distintas vertientes. Existen múltiples teorías sobre las causas de la migración, así como un catálogo amplio de las acciones que los gobiernos involucrados han tomado para normar o desincentivar los flujos de personas desde los países de origen, tránsito y destino. Este movimiento de personas no solo implica políticas de contención, por parte de las autoridades en los países de destino, sino también por los lugares donde transitan.

El flujo migratorio se caracteriza por una participación muy activa de autoridades gubernamentales, bandas criminales y de organizaciones humanitarias de la sociedad civil.

Aunado a esto, y a lo largo de tales rutas por donde transitan los migrantes, se establecen sofisticadas redes sociales que brindan su apoyo formal e informal con el fin de aminorar los costos de la migración. El mapa geográfico e histórico de la migración tiene rasgos muy peculiares caracterizados por asentamientos humanos multiculturales donde se desarrollan nuevas costumbres, interacciones espontáneas, intercambios de información y una variedad de comercios informales.

La complejidad de la migración obliga a una ponderación conceptual sobre esta travesía, debido al hecho primordial de que, en marzo de 2020, se estableció una política sanitaria de expulsión inmediata de migrantes irregulares (no documentados) derivada de la aplicación del Título 42 del Código Federal de los

Estados Unidos (U.S. Code Title 42), la cual, sin lugar a dudas, se inserta dentro del catálogo histórico de acciones normativas estadounidenses destinadas a restringir la inmigración, concepción positivista la cual analizo con mayor detalle en este trabajo.

La característica fundamental del Título 42 (como parte de la corriente positiva) es su coercitividad, su obligatoriedad. Esta corriente de pensamiento plantea que todo gobierno tiene el derecho soberano de preservar el bien común y no el interés individual. Al contrario, la corriente iusnaturalista, sostiene que el derecho individual ha de ser protegido. ¿Hasta qué punto el Título 42 debió haber sido flexionado en pro de los derechos humanos, en particular, los solicitantes de asilo?

Desde el inicio de la aplicación del Título 42 hasta el momento en que se declara concluida la emergencia sanitaria el 11 de mayo de 2023, el Departamento de Seguridad Nacional (DHS, por sus siglas en inglés) ha tenido diversas posiciones al respecto. Ha sido objeto de varios intentos judiciales y acciones políticas la desvinculación y derogación de la orden de salud pública del Título 42. Su vigencia ha generado acalorados debates públicos, pero el DHS ha respaldado la medida, porque considera que es un instrumento fundamental de contención, ante el incremento constante de los flujos migratorios irregulares. Algunos segmentos políticos, aducen que el DHS podría procesar a los inmigrantes irregulares a través del Título 8 del Código de los Estados Unidos o, por medio de ordenamientos jurídicos alternativos como órdenes ejecutivas. Otros consideran que el DHS debería mejorar el control fronterizo a través de mallas de contención, sensores o por medio de más efectivos de la Oficina de Aduanas y Protección Fronteriza (CBP, por sus siglas en inglés).

Con ese fin el DHS ha intensificado las medidas de control fronterizo, pero poco ha logrado, frente a la avalancha de flujos migratorios irregulares. Las acciones normativas de contención, a través de remociones expeditas, han resultado poco efectivas para limitar la inmigración irregular. Al parecer, ninguna medida parece suficiente para disuadir los movimientos de personas, sobre todo las que huyen de las crisis humanitarias (provocada por guerras y conflictos), desastres naturales, violencia o persecución política.

El titulo 42 y el debate migratorio

El Título 42, Sección 265, del Código de los Estados Unidos, corresponde a una Ley de los Servicios de Salud Pública que faculta al Cirujano General a suspender la entrada de personas o bienes a los Estados Unidos con el fin de evitar la propagación de enfermedades contagiosas procedentes del exterior. Esta medida la decretan los Centros de Control de Enfermedades (CDC, por sus siglas en inglés) y la ejecutan las autoridades de procuración de justicia, en este caso, el Departamento de Seguridad Interior (DHS, por sus siglas en inglés). Esta norma desde su promulgación en 1944 no se había implementado.

Fue la Administración de Donald Trump la que por primera vez impuso esta medida sanitaria para evitar el ingreso de «ciertos» extranjeros a Estados Unidos. El 20 de marzo de 2020, los CDC emitieron la Resolución, al amparo de la Ley de Servicios de Salud Pública, que decía: «... para suspender durante 30 días el ingreso a Estados Unidos de personas procedentes de países donde exista la enfermedad transmisible de COVID-19» y autorizaba a la CBP a la expulsión inmediata de quienes ingresaran de manera irregular al país. La Orden estaba dirigida a los extranjeros que ingresaran a Estados Unidos por vía terrestre desde México o Canadá (al margen de su nacionalidad), y se aplicaba a todos los que no tuvieran documentos válidos de ingreso o contravinieran el marco legal vigente. Esta disposición la extendieron hasta la conclusión de la emergencia sanitaria. La Administración Biden trató, en un primer momento, de no aplicar la medida; pero tuvo que seguir implementándola debido a múltiples resoluciones judiciales. Luego exentó a los menores, no acompañados, de la expulsión inmediata y los canalizó a centros de alojamiento temporal.

Como consecuencia de la toma de posesión de Joe Biden, corrió la noticia entre los migrantes que el Título 42 ya no se aplicaría y miles reiniciaron la travesía hacia el norte con la esperanza de ingresar a Estados Unidos. Hubo cientos de incidentes y varias decenas se apostaron en los puertos fronterizos de entrada, en especial, en las ciudades de Tijuana, Ciudad Juárez y Nuevo Laredo.

La razón principal del flujo repentino y masivo de migrantes se debió a que circuló la tendencia especulativa y esperanzadora, en los países del Triángulo Norte de Centroamérica que, el fin del Título 42 ya no se aplicaría y que se permitiría la entrada a los solicitantes de asilo; tumultos de migrantes se abarrotaron en los puertos de entrada a la Oficina de Aduanas y Protección Fronteriza de EE. UU. (CBP). La oleada de inmigrantes irregulares tomó por sorpresa a la administración de Biden y se dieron escenas de confrontación poco antes vistas, hubo indignación en la opinión pública que condenó el maltrato de mujeres y niños menores. Estos incidentes obligaron al gobierno federal a la reconsideración del levantamiento de la emergencia sanitaria hasta que no estuviese por completo estructurado el sistema operativo que se implementaría para responder a este aumento imprevisto. Se pensó en sustituir la aplicación del Título 42, por medidas de disuasión más severas como las tipificadas en el Título 8.

La posible aplicación del Título 8 del Código de los Estados Unidos implica una compleja organización burocrática, sitios especiales para el procesamiento de solicitudes, la disposición de más personal capacitado, la disponibilidad suficiente de jueces de migración, el desempeño de oficiales especializados en asilo, la incrementación del presupuesto para cubrir los gastos de detenciones y deportaciones. El Titulo 8 del USC tiene ciertas salvedades para las personas que acreditan sin duda, un temor fundado de persecución —ya sea por razones políticas, de raza o religión— (§ 1158, Asilo)[1] de ser así obtendrán un permiso de ingreso temporal a EE. UU. El Título 42 obvió esta situación y expulsó a los solicitantes de asilo de forma inmediata debido a la emergencia sanitaria.

En 2019, antes de la aplicación de las restricciones de entrada del Título 42, hubo más de 370 000 solicitudes de asilo en total, de las cuales solo fueron concedidas 46 508 (Harrigan, 2022). La mayoría de estas solicitudes de asilo fueron bajo dos clasificaciones procesales: las afirmativas (27 643) y las defensivas (18 865), mientras las primeras son fehacientes o bien fundadas, las segundas siguen procesos de apelación. Las solicitudes de asilo de carácter afirmativa son tramitadas por el Servicio de Ciudadanía e Inmigración de Estados Unidos (USCIS, por sus siglas en inglés), las defensivas se hacen a través de la Oficina Ejecutiva de Revisión de Casos de Inmigración (EOIR, por sus siglas en inglés) del Departamento de Justicia.

Antes de aplicar el Título 42, los solicitantes de asilo que se presentaban en los puertos fronterizos de entrada o ingresaban de manera irregular a Estados Unidos eran procesados bajo la

1 La Ley de Refugiados de 1980 incluye una sección a la Ley de Inmigración y Nacionalidad (INA), la Sección 208 (8 U.S. Code Sec. 1158), que estableció el derecho de las personas a solicitar asilo si se encuentran en Estados Unidos o al momento de ingresar en suelo estadounidense.

autoridad del Título 8 del Código de Estados Unidos relativo a «Extranjería y Nacionalidad».

En 2019, a los solicitantes de asilo que se presentaron en los puertos fronterizos de entrada se les informó que debían esperar su turno para una audiencia en México conforme a los Protocolos de Protección de Migrantes. Esta espera se inició durante la administración del presidente Trump y continuó hasta la de Joe Biden.

Cabe destacar que, el rechazo a la inmigración fue una de las principales características de las políticas públicas del presidente Donald Trump desde que asumió la presidencia.

Desde el «día uno» de su administración, en enero de 2017, Donald Trump realizó cambios y reformas al sistema de inmigración. Redujo las cuotas de asilo y refugio; incrementó los efectivos destinados a la frontera; emprendió una campaña mediática y política para levantar un muro a lo largo de los 3200 kilómetros de frontera entre México y Estados Unidos. Para el cuarto año de su mandato, había firmado más de cuatrocientas órdenes ejecutivas en materia migratoria modificando la aplicación de la ley al interior y en la zona fronteriza, afectando el reasentamiento de refugiados, las cuestiones de asilo, la Acción Diferida para los Llegados en la Infancia (DACA, por sus siglas en inglés), así como los procesos de detención de inmigrantes irregulares. Trump convirtió sus lemas de campaña en políticas públicas de restricción a la inmigración (Pierce & Bolter, 2020).

Los efectos de sus acciones se sintieron de inmediato y repercutieron en el mundo. Muchas de esas medidas fueron dictadas a través de órdenes ejecutivas que produjeron un efecto dominó en el sistema de inmigración y, en directo, afectaron los solicitantes de asilo. Su objetivo primordial era desincentivar la inmigración irregular de las familias; reducir los movimientos migratorios de menores, no acompañados, en especial, los integrantes de caravanas procedentes del Triángulo Norte de Centroamérica. Padres e hijos, componentes de unidades familiares[2] fueron separados; a los menores se les albergó en sitios inadecuados e insalubres.

Donald Trump legó a Biden una problemática migratoria compleja y multivariable. Desde el inicio de su administración del presidente Joe Biden se llevaron a cabo reformas importantes en las políticas de inmigración sobre todo las relativas a los menores no acompañados y a unidades familiares. Se dejó de expulsar a ciertos solicitantes de asilo, en especial, a menores no acompañados o, en algunos casos, a unidades familiares que obtuvieron un permiso temporal de entrada a Estados Unidos para que pudieran presentar en tiempo y forma las solicitudes de asilo. Después de las elecciones presidenciales el país estuvo escindido en ideología y en política.

En este contexto se generaron contradicciones y debates políticos al interior de Estados Unidos porque unos asumieron que el ingreso de estos inmigrantes incentivaría el incremento de los flujos migratorios y otros, los defensores del derecho de asilo, consideraron que era necesario flexibilizar el procedimiento para la protección de los más vulnerables, sobre todo, de los menores no acompañados. Trump además legó a la administración Biden una doble problemática: la primera; los

2 El término de unidad familiar corresponde a una definición dentro del Título 8 del Código de Reglamentaciones Federales (consultar: 8 CFR § 236.3 - *Processing, detention, and release of alien minors*, sección 7: «Por unidad familiar se entiende un grupo de dos o más extranjeros formado por un menor o varios menores acompañados por su(s) padre(s) adulto(s) o tutor(es) legal(es). La concepción de unidad familiar, dentro de un grupo de extranjeros, comprende aquello que tengan nexos de parentesco, o una relación parental o tutelar legal comprobable, el DHS considerará todas las pruebas fiables disponibles».

menores no acompañados y unidades familiares que fueron expulsados a México y que se asentaron en situación de calle en distintas ciudades fronterizas cercanas a los puertos de entrada estadounidenses; y, la segunda, la detención y la separación de los menores de sus padres, parientes o tutores.

Fue una consecuencia directa de la visión restrictiva de Donald Trump en materia de inmigración, ya que calificó la afluencia de los solicitantes de asilo —tanto adultos como menores— como una amenaza a la seguridad nacional. La administración Trump implementó un conjunto de políticas que exacerbaron la problemática migratoria de los menores y sus familias. Estas políticas migratorias no se apegaron a los textos legales vigentes ni a las normas internacionales sobre asilo y derechos humanos.

En un estudio del Consejo de Relaciones Exteriores (CFR, por sus siglas en inglés) realizado por Cheatham y Roy (2021, diciembre 2) indica que la problemática de los menores no acompañados en la zona fronteriza de Estados Unidos y México fue de gran magnitud (por su tamaño y complejidad), los llamados «encuentros fronterizos» (*border encounters*),[3]

---

3 Los denominados *encuentros migratorios o fronterizos* forman parte de una terminología de CBP que comprende: las aprehensiones de la Patrulla Fronteriza (USBP, por sus siglas en inglés) basadas en el Título 8 del Código de los Estados Unidos (USC, por sus siglas en inglés), los inmigrantes extranjeros considerados como «inadmisibles» por este Título 8 y expulsados por la Oficina de Operaciones de Campo (OFO, por sus siglas en inglés) y las expulsiones por Título 42 (USC). Estos tipos de expulsión en conjunto representan *encuentros migratorios o fronterizos*. Un migrante luego de haber sido expulsado por Título 42 y reingresar, otra vez detenido y expulsado, pero ahora bajo los preceptos del Título 8; este mismo inmigrante extranjero se le contabiliza dos veces en la estadística del CBP correspondiente a un Año Fiscal. Un mismo extranjero se recontabiliza «N» veces, mientras sea detenido y expulsado, para evitar la depuración contable al conjunto de reingresos y expulsiones, se le denomina «encuentros migratorios o fronterizos» (USCBP, 2022, enero 21).

incluidos los de menores no acompañados, que a principios de 2020 se desplomaron debido a la pandemia de COVID-19, «continuaron creciendo de forma constante». Las autoridades de inmigración «detuvieron a casi 150 000 menores no acompañados en la frontera entre México y Estados Unidos durante el año fiscal 2021 (FY 2021, por su nomenclatura en inglés), lo cual representó un máximo histórico». Alrededor del «76 % de los menores no acompañados bajo custodia federal tenían una edad promedio de entre 15 y 17 años, aunque las autoridades también han detenido bebés y a una gran cantidad de menores entre 13 y 14 años» (Cheatham; Roy, 2021).

Entre las causas, del incremento sostenido de migrantes menores no acompañados, están: la violencia entre pandillas (que agobia a los países del Triángulo Norte de Centroamérica), los huracanes devastadores, la pobreza extrema agravada por la pandemia y el conflicto entre grupos dedicados al tráfico de drogas. Situaciones que han obligado a emigrar a cientos de menores, mujeres, jóvenes solteros y padres de familia, guatemaltecos, hondureños y salvadoreños, quienes salen en busca de una alternativa de vida mejor. Cerca de dos tercios de los menores no acompañados aprehendidos provienen de estos tres países (Cheatham y Roy, 2021).

También hay un número considerable de familias y menores no acompañados que proceden de México, desplazados de los sitios donde los conflictos y la violencia se han incrementado: «Varios de esos mexicanos han dejado sus comunidades de origen, se han desplazado y estacionado en estados fronterizos con la intención de ingresar a Estados Unidos. Es bastante común observar a menores no acompañados y a familias completas en albergues del norte del país, centroamericanos y mexicanos, a la espera de una oportunidad para cruzar a los Estados Unidos» (Arista, 2021).

Con la política migratoria de Biden, de un acercamiento a la problemática más apegada a la normatividad vigente, dicen algunos observadores que «hay la percepción que su visión ha propiciado el incremento de los flujos migratorios irregulares» (Cheatham y Roy, 2021). Argumentan que Biden desde el inicio de su administración enarboló políticas migratorias más flexibles en el sentido de no deportar a menores no acompañados y en algunos casos a familias con hijos menores. Segmentos de opinión y centros del pensamiento indican que esta visión tiene el objetivo de incentivar la reunificación familiar e incrementar las cuotas de asilo (Krogstad, González-Barrera, 2022). Esta crítica, alentada por los republicanos, parece indicar que las políticas migratorias de la administración Biden promueven la inmigración irregular. Afirmaciones que incentivan el debate político partidista estadounidense cuya finalidad es impactar a sus bases electorales, en esencia, de quienes se inclinan en favor de las políticas de rechazo a la inmigración.

Es un hecho que los gobiernos de manera estructural, no alientan o desalientan los flujos migratorios, aunque procuren, a través de políticas públicas, implementarlo. Para los estudiosos de la migración el fenómeno involucra múltiples variables. En diversos ensayos sobre las teorías de la migración se aceptan algunas afirmaciones epistemológicas y se niegan otras. Pero la mayoría de los estudiosos del fenómeno migratorio aceptan que:

> La migración internacional está impulsada principalmente por factores económicos, políticos y sociales estructurales,

como la demanda del mercado laboral, las desigualdades en ingresos, los conflictos en los países de origen, la construcción de redes sociales, la devastación generada por el cambio climático, los desastres naturales, etc., estas dinámicas crean, fomentan e impulsan las estructuras a los movimientos migratorios (Haas, et al., 2019).

Algunos gobiernos estructuran políticas públicas contra la inmigración que, en la coyuntura simularon funcionalidad, pero, en esencia, no han detenido el flujo migratorio que tiene sus dinámicas intrínsecas de rechazo o atracción a partir de variables políticas, económicas y sociales diversas.

Donald Trump impulsó medidas coactivas contra la reunificación familiar, trató de desincentivar las caravanas de inmigrantes, quiso controlar el ingreso irregular de menores no acompañados y separó a los menores integrantes de unidades familiares, y logró, de alguna manera, la contención temporal del flujo masivo de inmigrantes irregulares al enarbolar las políticas de prevención sanitaria derivadas del Título 42. Con esta medida logró su principal cometido: la expulsión sumaria de inmigrantes irregulares.

Todas las medidas anteriores que tenían la finalidad de contener la inmigración irregular fallaron de una forma u otra, pero la emergencia sanitaria logró su objetivo fundamental, aplicar una norma de rechazo sumario; tal y como lo dispone el Título 42. Una norma que también aplicó a los solicitantes de asilo a pesar de que contraviene las convenciones internacionales sobre la materia. De ahí que el debate sobre su levantamiento genere múltiples choques entre grupos en pro y en contra. Durante una comparecencia en el Senado, el congresista republicano Ron Johnson aseveró que debido a la aplicación del Título 42 se logró la disminución considerable del flujo de inmigrantes irregulares.

Según analistas, la aplicación de medidas coercitivas y restrictivas a los inmigrantes, durante la administración de Donald Trump, generaron una situación de crisis humanitaria, «su gestión sobre los menores migrantes no acompañados alcanzó niveles preocupantes» (Sulbarán, 2019), críticos denunciaron el hacinamiento en los centros de detención de inmigrantes, alegando abusos, malas condiciones y largos períodos de reclusión vinculados a la muerte de seis menores que fallecieron bajo custodia de las autoridades de inmigración según anotaron: «la Oficina de Aduanas y Protección Fronteriza al parecer retuvo, en condiciones críticas, a los menores durante varias semanas, una situación que no se había dado desde 2010» (Sulbarán, 2019).

Las detenciones de menores migrantes durante la gestión de Trump se extendieron más allá de los límites establecidos por la normatividad, su administración interpretó de una forma muy *sui generis* el acuerdo Flores (*1997 Flores v. Reno settlement*) para permitir al Departamento de Seguridad Interna (DHS) la detención indefinida de menores y familias. El acuerdo Flores limitaba el tiempo de detención de los menores, así como su separación de familiares o tutores.[4]

Algunos menores, sobre todo los adolescentes que ingresan a Estados Unidos, tienen la esperanza de reunirse posteriormente con sus familiares. Otros menores no acompañados son, con deliberación, «encargados» a bandas de traficantes de

---

4 *Jenny Lisette Flores, et al., vs. Janet Reno, Attorney* General de los Estados Unidos. Disponible en: https://www.aclu.org/files/pdfs/immigrants/flores_v_meese_agreement.pdf

personas para que los introduzcan y abandonen en territorio estadounidense, de modo subrepticio. También hay padres impacientes por la situación en la que viven sus hijos, algunos en condición de calle o en albergues, que esperan, en las cercanías de un puerto de entrada una oportunidad de audiencia para presentar su caso de asilo. Algunos de ellos, deciden enviar a sus hijos solos con la finalidad de que crucen la frontera binacional de manera irregular y en caso de detención por las autoridades estadounidenses de migración sean liberados y continúen con sus trámites de asilo.

Las diferencias entre Trump y Biden en política migratoria problematizan aún más el debate político y social sobre este tema; impactando de manera colateral el bienestar de los menores migrantes y sus familias. Mientras Trump ejerció una posición de Tolerancia Cero, de supuesta seguridad nacional, con poco margen a la negociación de sus políticas públicas; el presidente Biden enfrentó la problemática desde un posicionamiento más apegado a la normatividad vigente pero demasiado apresurado. Biden desde el inicio de su administración intentó la reestructuración de la gestión de los menores migrantes no acompañados confinándolos en centros de detención conocidos como albergues de emergencia para menores (*emergency intake shelters —sites—*)[5] (Krogstad, González-Barrera, 2022) y a posteriori puestos bajo tutela de los llamados patrocinadores (hogares de acogida),

---

5 A principios de 2021 un número récord de menores no acompañados llegó a la frontera entre Estados Unidos y México, el gobierno de Biden trató de procesar y gestionar de manera eficaz este flujo. En febrero y marzo de 2021, muchos de estos menores migrantes fueron confinados en albergues de emergencia que no estaban diseñados ni contaban con personal capacitado para atenderlos (Álvarez, Junio 28).

según estudios las autoridades del HHS, no saben dónde quedaron esos menores.[6]

A partir de febrero de 2021 hubo un cambio sustancial en la detención y expulsión de los menores migrantes no acompañados y de algunas unidades familiares. Aunque con cierta discrepancia, no son muy claras las políticas de expulsión, liberación o retención de unidades familiares, por alguna razón, los oficiales de CBP permiten el ingreso de algunas familias de migrantes a las que le otorgan un formato I-94 de liberación condicional acompañado de una hoja que le indica que «a partir de esta fecha tienen un plazo máximo de un año para presentar la forma I-589 de solicitud de asilo», pero otros, sin explicación alguna son expulsados.

No queda claro por qué a unas familias se le otorga un permiso de entrada bajo este esquema y a otras no. Con esa finalidad y como caso de estudio elevado a categoría, entrevisté a una familia de hondureños, radicados en Fullerton, California (agosto 2021) el padre indicó que le fue entregada la forma I-94 (utilizada para registro de ingreso de no inmigrantes) acompañada de una hoja que indicaba la fecha y sitio donde debían presentarse a una entrevista con un oficial de migración para continuar con su solicitud formal de asilo. Estos migrantes afirmaron que lograron entrar, pero a otros familiares que los acompañaban y expusieron a los oficiales de migración una situación semejante de desplazamiento forzado negándoles esa

6 El secretario de Salud y Servicios Humanos (HHS), Xavier Becerra, el 22 de marzo de 2023, reveló a legisladores que «no estaba familiarizado con las estadísticas reportadas de que la agencia había sido incapaz de ponerse en contacto con más de 85 000 menores migrantes no acompañados que habían sido liberados a los patrocinadores después de ser encontrados en la frontera sur».

posibilidad, «siendo que ambos teníamos una misma situación», manifestó uno de ellos. Consideraron que se trataba de una situación de «suerte» que a ellos se les haya permitido el ingreso y «de injusticia que se lo hayan negado a su hermano, cuñada y sobrinos». Según su narrativa, en la frontera norte de México había varios de sus coterráneos «que habían sido expulsados bajo el Título 42».

De esta narrativa se desprenden elementos interesantes que definen que no hay guías o protocolos de liberación condicional y expulsión, sino que muchas de las acciones de los oficiales de migración son subjetivas porque hay casos en que las unidades familiares obtienen un permiso de entrada provisional condicionada mientras otras son expulsadas. Familias que han sido interrogadas por oficiales del CBP creen que lo dicho durante el interrogatorio, ya que los que manifiestan la existencia de los familiares en Estados Unidos le entregan permisos de entrada provisional y quienes niegan tenerlos, por temor, son expulsados. Ya que según ellos hay que decir que se «tienen familiares en California y que le darán alojamiento» lo cual facilita la posibilidad de presentarse luego ante un oficial de migración en Estados Unidos.[7]

Estudios realizados sobre los movimientos migratorios demuestran que cualquier modificación al sistema de inmigración ejerce efectos directos en las poblaciones de migrantes. En un estudio de la Comisión de Estados Unidos para la Libertad

7 Las redes familiares, de amistad y comunitarias son la base de gran parte de la migración reciente a los países industriales (Boyd, 1989). La entrevista en Fullerton ejemplifica cómo las redes también son cruciales en el estudio de los flujos migratorios, y la gran mayoría de los menores acompañados de sus familias que experimentaron la expulsión en virtud del Título 42 dijeron no tener familiares en Estados Unidos, como lo demuestra la versión de la familia hondureña entrevistada.

Religiosa Internacional[8] (USCIRF, por sus siglas en inglés), encontró que los cambios legislativos en materia de inmigración promulgados en 1996 afectaron a solicitantes de asilo, en especial, a quienes fueron expulsados bajo el precepto de «remoción expedita»[9] (Keller, Rasmussen, Reeves, & Rosenfeld, 2005).

Estados Unidos ha permitido el ingreso de inmigrantes cuando así lo ha requerido el momento histórico. En ciertos momentos la frontera entre México y Estados Unidos estuvo abierta a la mano de obra mexicana, una migración aceptada mientras no se le permitió el ingreso a la migración asiática y europea. A los mexicanos los requerían para levantar las cosechas, construir vías de ferrocarril o trabajar en las plantas industriales, pero cuando ciertas circunstancias coyunturales cambiaron emergieron actitudes de rechazo (Cardoso, 1980).

Queda establecida como regla histórica, en cuanto a la migración mexicana, que la aplicación u omisión de ley migratoria está condicionada por coyunturas de carácter económico, político, racial o social (Henderson, 2011).

Dentro de esas diferencias y actitudes en cuanto a la aceptación o rechazo de los inmigrantes extranjeros, en marzo de

---

8 La USCIRF es una comisión bipartidista, independiente, creada para supervisar la libertad religiosa y asesorar al presidente, al secretario de Estado y al Congreso.

9 En 1996 el presidente William Clinton firmó la Ley de Inmigración Ilegal y Responsabilidad de los Inmigrantes (IIRAIRA, por sus siglas en inglés), entre las reformas, la legislación estableció la «remoción expedita» que pretendía reforzar la seguridad fronteriza de Estados Unidos, en virtud de esta ley los oficiales de inmigración estaban autorizados para efectuar expulsiones sumarias de inmigrantes irregulares aunque había salvaguardas y cierta protección para los solicitantes de asilo, pero al final la discrecionalidad de los oficiales de inmigración sobre la «veracidad del temor fundado» del inmigrante irregular prevalecía (Keller, Rasmussen, Reeves, & Rosenfeld, 2005). En un interesante trabajo sobre las caravanas de inmigrantes se aborda el tema de la subjetividad de los oficiales de inmigración (Gandini, Fernández de la Reguera, & Narváez Gutiérrez, 2020).

1790, el Congreso estadounidense aprobó la primera Ley de Naturalización que permitía solicitar la ciudadanía «a cualquier persona blanca de buena reputación» que hubiera vivido dos años o más en Estados Unidos, por otra parte; y, en sentido contrario, se le negaba este derecho a los residentes «no blancos» que además no tenían el derecho a votar, poseer propiedades o rendir testimonios ante tribunales. Había una bifurcación, marcada, entre quienes podían ejercer derechos y quiénes no. Según estudios, esta actitud pasa a ser el fundamento ideológico de los debates legales en Estados Unidos (Ngai & Gjerde, 2013).

Esta diferenciación fundacional entre aceptar o rechazar, da contenido, con sus variantes y magnitudes, a un debate ideológico, de vieja data, a propósito de la aceptación, la disminución y el rechazo de la inmigración y obtención de la ciudadanía. Los debates políticos en el Congreso estadounidense son muestra clara de las actitudes antagónicas entre líneas partidistas de demócratas y republicanos. Solo coyunturas de amplio consenso de aceptación o rechazo, entre el electorado, permiten acuerdos en materia de inmigración.

El debate sobre las políticas de «fronteras abiertas» y «rechazo» a la inmigración, dice Neuman (2013) tiene larga data». Desde su punto de vista, los argumentos establecen las bases críticas para el estudio del fenómeno migratorio a partir de enfoques que transitan por el andamiaje axiológico, epistemológico y político.

En ese contexto, los debates sobre la inmigración entre ciertos actores políticos se sustentan más en opiniones ideológicas derivadas de percepciones axiológicas o clientelares en lugar de estudiar a fondo y de manera integral las variables económicas, sociales y demográficas (Haas et al., 2019). Por ejemplo, no es suficiente, estudiar las diversas modalidades de las redes sociales que se forman a lo largo de la travesía desde el lugar de origen hasta el país de destino. No quedarse en el rechazo, por ejemplo, de la unificación familiar o en el pensamiento de que por ser un imán de atracción que impulsa la travesía de nuevos inmigrantes hay que ponerle límites, cortapisas, sino que debiera ser vista de manera integral, porque los nuevos migrantes también aportan al balance demográfico de los países de destino donde esta fuerza laboral joven contribuye al pago de pensiones de los que se están retirando y al crecimiento económico como indica Scott Fein (2021) en su estudio sobre los refugiados reasentados en el Estado de Nueva York que compensan el declive demográfico, pagan impuestos, promueven la construcción de nuevas viviendas, la apertura de negocios y la ocupación de puestos de trabajo que son rechazados por los locales.

Pero esas aportaciones de los inmigrantes no se insertan como cruciales dentro de los posicionamientos de algunos políticos. Donald Trump calificaba a los inmigrantes como «criminales» (Kranish & Fisher, 2016).

Investigadores y académicos han hecho esfuerzos metodológicos para explicar los flujos migratorios internacionales en un marco de acercamiento menos peyorativo. Varios autores consideran que las redes sociales que tejen los migrantes, a través del tiempo, durante sus travesías son fundamentales para explicar los movimientos migratorios (Boyd, 1989). Estos estudios indican que los migrantes tienen acceso a redes de parentesco y amistad que facilitan los procesos de migración y asentamiento. A través de estrechos lazos de confianza y reciprocidad, estas redes son fuentes de capital social, proporcionando un contrapeso a las desventajas que los migrantes encontrarán en la sociedad de destino (Boyd, 1989).

El antropólogo Manuel Gamio, en su investigación, documentó con detalle los aspectos regionales de los migrantes mexicanos y los lugares de asentamiento en Estados Unidos (Gamio, 1930). El papel que juegan las redes o conexiones entre los lugares de origen y destino.

Los estudiosos de las migraciones internacionales toman en consideración esta agencia o sentido volitivo de los individuos para desplazarse y formar redes, pero consideran que se trata de una respuesta racional a circunstancias estructurales. En una descripción de las diversas teorías sobre la migración internacional, Arango hace un recorrido sobre las explicaciones de los teóricos para explicar el fenómeno migratorio. Considera que la explicación neoclásica se basa en principios como la elección racional, la maximización de la utilidad, los rendimientos netos esperados, la movilidad de factores y las diferencias salariales (Arango, 2003; Roy, 1951). Estos paradigmas aplicados al comportamiento humano parecen adecuarse de manera natural a la explicación de las migraciones, porque tiene la ventaja de combinar la perspectiva micro de la adopción de las decisiones por parte de los individuos con la perspectiva macro de las determinantes estructurales que los impulsan a emigrar (Arango, 2003).

En el plano macro, el acercamiento neoclásico se refiere a la redistribución espacial de los factores de la producción en respuesta a diferentes precios relativos. Es decir, hay una desigualdad en la distribución geográfica de los factores de la producción en especial el costo del trabajo y la disposición de capital que en comparativo impulsan a las migraciones. En algunos países o regiones, el factor trabajo es escaso en relación con el capital y en otros el trabajo es abundante en relación con la escasez de capital, por consiguiente, entre la oferta y demanda de fuerza de trabajo, el nivel de salarios es superior en países donde el capital es abundante y la fuerza de trabajo escasa; mientras que en otros países o regiones ocurre lo contrario, sobre todo en los países de origen de la emigración (Arango, 2003).

La explicación de las diferencias en los factores de la producción constituye el paradigma de la versión micro de la teoría neoclásica de las migraciones: «Las migraciones son el resultado de decisiones individuales, tomadas por actores racionales que buscan aumentar su bienestar al trasladarse a lugares donde la recompensa por su trabajo es mayor de la que obtienen en su país, en una medida alta como para compensar los costes tangibles e intangibles que se derivan del desplazamiento» (Arango, 2003).

El 13 de octubre de 2018, un grupo de migrantes hondureños reveló que partirían rumbo a Estados Unidos, cruzando por Centroamérica y México. De inmediato se le denominó al conglomerado en movimiento como «caravana», un concepto que elevado a categoría de análisis conceptualiza un conjunto de variables dependientes e independientes, que explican las razones causales de estructura y agencia, del *push-pull*. Una declaración sintetiza las razones de emprender la travesía rumbo a Estados Unidos: «no nos vamos porque queremos, nos expulsa la violencia y la pobreza» (Torre Cantalapiedra, 2021).

Se trata, por lo tanto, de agencia, del acto volitivo de los individuos basada en la comparación entre su situación actual y la ganancia neta esperada que se deriva del desplazamiento, «resultado de un cálculo coste-beneficio» (Arango, 2003).

Se infiere de esto, que la concepción de las redes sociales como paradigma explicativo de los movimientos migratorios, es la variable dependiente de las asimetrías económicas y estructurales entre distintos países o regiones. Los migrantes tenderán a dirigirse a aquellos lugares donde esperan obtener un rendimiento neto mayor del propio trabajo, en ese sentido, la migración constituye una forma de inversión en capital humano (Arango, 2003; Roy, 1951).

Las teorías suelen reflejar estilos de pensamiento dominantes en su tiempo como lo fue el esquema teórico del «Desarrollo económico con oferta ilimitada de trabajo», un paradigma propuesto por W. Arthur Lewis bajo la premisa clásica, asumida desde Smith hasta Marx, que una oferta ilimitada de mano de obra genera salarios de subsistencia (un enorme ejercito de reserva laboral). Un modelo que pudiera explicar la decisión racional del individuo para emigrar a lugares de destino donde la oferta de trabajo es limitada y el capital abundante. Arango argumenta que Lewis concibió su modelo «para la explicación del desarrollo en el contexto de «economías duales» y, en él, la migración desempeña un papel fundamental» (Arango, 2003).[10]

Propuestas teóricas que explican las razones por las cuales los individuos responden a diferencias estructurales entre países o regiones, emprendiendo por ende el desplazamiento. Si una región o país de origen dispone de una cantidad ilimitada de mano de obra pero el capital es escaso, de acuerdo a la Ley de Proporciones Variables, entonces el capital utilizará la cantidad de trabajo que le produzca altos rendimientos desplazando el salario a la vertiente mínima (de sobrevivencia) en sentido contrario, en otras

10 «Las economías duales son economías en desarrollo, por lo general en contextos poscoloniales, en las que un sector moderno, conectado con el mundo exterior, coexiste con un sector tradicional que depende de la agricultura de subsistencia para sobrevivir. Cuando el sector moderno se expande, atrae mano de obra sector tradicional, donde su productividad marginal es cero. Lewis estimaba que existía un «farallón» de un 30 % entre los salarios de los dos sectores y que, esa diferencia, sería motivo suficiente para que los trabajadores se desplazaran de uno a otro» (Arango, 2003).

regiones o países de destino donde el capital es abundante y la fuerza de trabajo limitada la vertiente mínima salarial es superior a los niveles de sobrevivencia de los países o regiones de origen, de esta forma el inmigrante obtiene un beneficio racional que explica su desplazamiento considerando la relación agencia-estructura (Gamio, 1930; Arango, 2003; Lewis, 1954; Roy, 1951).

Por lo que corresponde al enfoque denominado la nueva economía de la migración, postula que los individuos no migran para restablecer las desigualdades salariales, como lo sostiene el acercamiento neoclásico, y, de hecho, los individuos por sí solos no deciden migrar, sino que la decisión se toma dentro de la unidad familiar que trata de maximizar los beneficios económicos para todos los integrantes, minimizar el riesgo y disminuir los costos asociados a las fuerzas del mercado (Massey, Arango, & et.al, 2020). Esta perspectiva analiza los movimientos migratorios relacionados con las caravanas de migrantes y el éxodo de menores no acompañados lo cual no se dilucida a través de la concepción neoclásica asociada al argumento frecuente de que el desarrollo económico de las regiones emisoras reduciría la presión a emigrar.

Es un hecho que los investigadores basan sus enfoques en explicaciones estructurales históricas de los movimientos migratorios de acuerdo con los principios básicos de las teorías neoclásicas (sobre todo en su nivel macro) considerando a los países emisores y receptores como entidades independientes y haciendo énfasis en la conceptualización de los movimientos como medio para alcanzar un equilibrio económico, ya sea a nivel nacional o individual, basado en el cálculo de costos y beneficios (Massey, Arango, Hugo, Kouaouci, Pellegrino, Taylor, 1993)

En síntesis, los estudios sobre los movimientos migratorios adoptan la postura histórico-estructural que hace hincapié en los vínculos económicos y sociales entre los países receptores y emisores, así como las diferencias entre las capacidades y destrezas de los trabajadores de los países de origen y destino (Massey, Arango, Hugo, Kouaouci, Pellegrino, Taylor, 1993).

Es pertinente acotar que, esta investigación analiza los efectos del Título 42 como medida de rechazo al movimiento migratorio, por lo que las teorías fundamentales para explicarlo se centran en conceptos como la formación de redes, algunos puntos relevantes de la teoría neoclásica, los parámetros de la nueva economía y la economía laboral del Modelo Roy. Esto con el fin de entrelazar variables dependientes e independientes, causa-efecto del rechazo (políticas públicas) y la atracción. Desplazamiento del lugar de origen a uno de destino, como fenómeno estructural de los movimientos migratorios que en la coyuntura de la pandemia de COVID-19, las autoridades gubernamentales estadounidenses gestionan a través de una política migratoria restrictiva con tintes de medida sanitaria (Título 42).

Dentro de esta investigación sería imposible abordar el conjunto de teorías sobre la migración de manera integral y completa debido a su complejidad y extensión. Teóricos en la materia consideran que hay oposición entre paradigmas y el estudio a fondo de la migración implica un recorrido sustancial entre varias aproximaciones al tema (Brettell y Hollifield, 2015).

Considerando que los flujos migratorios seguirán siendo una constante, ya sea por razones de la asimetría económica internacional y las desigualdades salariales comparativas entre regiones y países, o por la formación de redes sociales, o por razones de la nueva economía, o desplazamientos obligados por la violencia, el crimen organizado, el cambio climático y los desastres naturales; lo cierto es que los países de tránsito y destino formulan políticas públicas para desincentivar las migraciones internacionales, entre estás se encuentra la aplicación del Título 42, Sección 265 del Código de Estados Unidos lo que afecta a los migrantes en general, a los menores no acompañados y a las unidades familiares.

Consecuencias de la aplicación del Título 42

Es un hecho que la emergencia sanitaria y la aplicación del Título 42 afectó a las poblaciones de migrantes menores, así como a los desplazados por la violencia, las guerras o los desastres naturales. Desde el 20 de marzo de 2020, cuando se enarbola esta medida, en el contexto de una pandemia global, fueron expulsados de forma masiva miles de migrantes incluyendo a menores no acompañados, así como a los integrantes de unidades familiares; muchos de ellos, fueron abandonados a su suerte obligados a organizarse de forma improvisada en conglomerados en situación de calle. Miles se asentaron en las cercanías de los puertos de entrada fronterizos, en varias ciudades del norte de México, expuestos a peligros e insalubridad.

Como ya se ha apuntado, con anterioridad, existe una diferencia sustantiva entre las administraciones de los presidentes Donald Trump y Joe Biden en cuanto a la aplicación del Título 42 a menores migrantes no acompañados. Pero los efectos de esta medida en ambas administraciones no han estado exentos de problemas sustanciales. Cuando la administración de Trump inició con las expulsiones y, según organizaciones de defensa de los derechos civiles, ya para noviembre de aquel año había enviado a sus países de origen o a México a más de trece mil menores no acompañados. Desde que inició la aplicación de esta normatividad, el 20 de marzo de 2020, hasta noviembre de ese mismo año se habían expulsado a trece mil menores no acompañados

(Aguilar, 2020). La administración Biden en un inicio dejó de expulsar a menores, pero una orden judicial dictada en marzo de 2022 por el juez Mark Pittman del Tribunal de Distrito Norte de Texas lo obligó a continuar con las expulsiones de menores, pero los CDC le dieron un viraje a la interpretación judicial argumentando que la medida sanitaria no tenía nada que ver con el proceso migratorio, según la directora de esta institución Rochelle Walensky existen varios protocolos para reducir la propagación de la COVID-19 entre los menores migrantes, como la realización de pruebas, el distanciamiento físico y el uso de mascarillas, por lo cual los menores no acompañados estarían mejor protegidos bajo la custodia del Departamento de Salud y Servicios Humanos (HHS).

A partir de la implementación de estos protocolos los menores no acompañados fueron recluidos en albergues y no expulsados, pero los adultos y algunos de los menores integrantes de unidades familiares fueron removidos en virtud de la medida sanitaria (Álvarez, 2022),

A partir de estas medidas se generó una doble problemática. Con la administración de Trump, miles de menores fueron detenidos en Estados Unidos en lugares inadecuados y sus padres fueron expulsados o separados de sus hijos. Con Biden, por su parte, al no expulsar a menores no acompañados, varios padres optaron por pagar traficantes de personas para que ingresaran a sus hijos solos a Estados Unidos (en algunos casos con letreros o información sobre el paradero de sus padres o parientes), en otros casos se utilizaba el apoyo de parientes o de conocidos. Miles de familias expulsadas o aquellas que no habían podido ingresar por un puerto fronterizo de entrada estadounidense se asentaron del lado mexicano en las ciudades fronterizas del norte con la esperanza de ingresar en algún momento con un permiso, o en su caso, después de largas esperas, enviar a sus hijos solos a Estados Unidos.

Algunos padres de menores, integrantes de unidades familiares que fueron expulsados por Título 42 dicen haber sido víctimas de extorsiones o aceptado ofertas de «coyotes» que ofrecieron en venta o en renta tarjetas fronterizas (*border crossing card*), que desde su perspectiva, pudieran haber sido robadas pero por la desesperación decidieron usarlas para «cruzar a sus hijos» a Estados Unidos a cambio de un pago monetario de cientos de dólares. Asegurándole que sus hijos «no serían expulsados por autoridades de migración» y en caso de detención «pasarían un corto plazo» recluidos para después ser entregados a un pariente, padre o tutor.

El fenómeno del «coyotaje» surgió como resultado de la difusión que se hizo en algunos medios internacionales y, en algunos casos, entre los migrantes, sobre una supuesta «nueva política migratoria» de la administración Biden de «que los oficiales de migración no expulsarían a los menores no acompañados y a los migrantes acompañados de sus hijos menores». Los migrantes internacionales que esperaban una oportunidad para continuar con la travesía en busca del «sueño americano» interpretaron esta medida como una nueva posibilidad de ingresar a Estados Unidos y miles optaron por emprender el viaje con sus hijos menores para introducirlos de modo irregular o ingresar con ellos a Estados Unidos.

De pronto se conformaron nuevas caravanas de familias de migrantes y cientos de menores no acompañados emprendieron la travesía hacia el norte ejerciendo una fuerte presión sobre los tomadores de decisiones del DHS que los esperaban con estrategias de contención en los puertos fronterizos de entrada y en los sitios donde pudieran ingresar de forma irregular. Algunos ingresaron de modo subrepticio y tanto la patrulla fronteriza como el HHS se vieron de inmediato rebasados tomando decisiones a veces erráticas. Por mandato legal tanto el DHS como el HHS no custodiarían por largo tiempo a los menores no acompañados lo cual resultó complejo y complicado para ambas agencias.

Este flujo de menores no acompañados, como problemática espontánea y coyuntural, obliga al HHS a habilitar sitios como albergues que, por razones de la inmediatez, las instalaciones resultaron inadecuadas, el personal ineficiente e incapaz para gestionar la problemática. Los contratistas privados que administraban los albergues no contaban con experiencia en el cuidado y atención de menores, situación que coadyuvaba con el deterioro físico y mental de los menores. Las agresiones y abusos fueron constatadas por la contraloría de la Oficina del Inspector General en cuyos informes describieron «la situación como preocupante» (Office of Inspector General, 2021).

Las afectaciones que padecieron los menores no acompañados, incluso algunas unidades familiares, no solo fueron al interior de Estados Unidos sino también en algunas ciudades fronterizas del norte de México en donde padecieron todo tipo de inclemencias como consecuencia de apostarse en lugares inapropiados, la mayor parte de las veces en situación de calle.

En una entrevista con Lou Correa, representante demócrata por el distrito 46 de California, dijo que cuando visitó Tijuana tuvo la oportunidad de visitar el asentamiento de migrantes varados en el puerto de entrada peatonal de El Chaparral y ahí observó que algunos menores, quienes fueron expulsados bajo la autoridad del Título 42, «estaban relegados a vivir en situación de calle expuestos a enfermedades, abusos y extorsiones». Dijo además que padres de familia por desesperación o desinformación llegan a pagar hasta 10 mil dólares para que los traficantes de personas ingresen a sus hijos de forma irregular a Estados Unidos. La situación de «estos menores» es grave, indicó el congresista Correa, «y los traficantes de personas los visualizan como un negocio rentable. Están en un punto visible que los hace objeto de extorsión». En cuanto a los albergues administrados por el HHS dijo «todavía hay mucho que hacer para mejorarlos y el HHS está haciendo todo lo posible para ponerlos en condiciones adecuadas».[11]

Queda claro que esta problemática obliga a un acercamiento teórico que permita al lector dilucidarla desde una perspectiva más científica y objetiva. En ese sentido, a lo largo de este libro se exponen dos acercamientos posibles al problema. Por una parte, desde la visión pura del derecho, desde la perspectiva ortodoxa y positiva; y por la otra, desde el iusnaturalismo, es decir, desde el punto de vista humanista que se inclina a favor de las tesis de la teoría crítica tan en boga en los estudios sociológicos contemporáneos.

Estas dos concepciones son contrarias: una perteneciente a la teoría positiva del derecho; la otra, a la teoría crítica legal. La primera justifica la visión westfaliana del Estado soberano el cual tiene el derecho de aplicar la ley, en este caso, las reglamentaciones como el Título 8 USC y el Título 42 Sec. 265 USC. La segunda, derivada de la teoría crítica legal, apela el sentido humanista

11 Entrevista realizada al Congresista Lou Correa, distrito 46 de California, el 11 de noviembre de 2021, en Anaheim, California.

de la norma oponiéndose a su ortodoxia coercitiva y rescatando su lado ético, es decir: salvaguardar los derechos humanos de los individuos como el derecho al asilo, tipificado en el Título 8 USC y las normas internacionales ratificadas por Estados Unidos.[12]

Claro, hay una pregunta ineludible: ¿hay un derecho humano a emigrar? Y de ser así, los países destinatarios tienen la responsabilidad de la acogida. Hay políticos que consideran que el derecho a emigrar y de generar condiciones para la acogida es contrario a la norma, al positivismo legal, por lo que el rechazo, en el tema migratorio, es una condición normativa y por lo tanto la norma debe aplicarse. La pandemia de COVID-19 fue el mejor argumento para lograr tal objetivo.

El 20 marzo de 2020 la administración del presidente Donald Trump implementó las disposiciones legales del Título 42, Sección 265, del Código de los Estados Unidos para la exclusión y remoción expedita de los solicitantes de asilo. Esta medida sanitaria del Título 42[13] que, en sus orígenes, tuvo la finalidad de prevenir contagios procedentes del exterior, se convirtió en una política migratoria restrictiva y en un argumento

12 «El asilo se concede cuando un Estado ofrece protección en su territorio a una persona que ha huido de otro país en respuesta a una persecución, un daño grave, un conflicto armado u otras situaciones de violencia. Por tanto, el asilo tiene un carácter intrínseco pacífico, civil y humanitario» (UNHCR, 2021). El Titulo 8 -USC Sec. 1158- indica: «Cualquier extranjero que se encuentre físicamente en los Estados Unidos o que llegue a los Estados Unidos (sea o no en un puerto de llegada designado) e incluso un extranjero que ingrese a Estados Unidos después de haber sido interceptado en aguas internacionales o de los Estados Unidos, independientemente de su estatus, puede solicitar asilo de acuerdo con esta sección o, cuando sea aplicable, la sección 1225(b) de este título»

13 Por Título 42, se refiere al Título «42 U.S.C. § 265 Suspensión de las entradas e importaciones procedentes de lugares designados para evitar la propagación de enfermedades transmisibles» (July 1, 1944, ch. 373, title III, §362, 58 Stat. 704; GPO, 2021).

válido para rechazo de los solicitantes de asilo (CBP, 20 de julio del 2020). Al suspenderles los derechos de asilo de los migrantes, en su mayoría procedentes del Triángulo Norte de Centroamérica, de Haití y del Caribe los dejaron en total indefensión. Los afectados, en su mayoría, fueron las poblaciones de menores migrantes (algunos de ellos expulsados a México)[14] y los integrantes de las llamadas unidades familiares quienes quedaron expuestos a situaciones de incertidumbre y desasosiego.

Los menores no acompañados y los integrantes de unidades familiares expulsados a México optaron por permanecer en albergues o en campamentos irregulares en situación de calle, donde habitaron por varios meses. Otros, como ya se dijo, debido a la desesperación y la incertidumbre, decidieron probar suerte e ingresar de forma irregular a Estados Unidos con la idea de que una vez detenidos por las autoridades migratorias estadounidenses los oficiales no los expulsarían porque mediaban disposiciones normativas y complejos protocolos de reunificación familiar. Como se ha mencionado, las detenciones debían ser temporales y los menores migrantes debían ser canalizados hacia instituciones federales que garantizaran su bienestar de conformidad con los criterios y recomendaciones judiciales (ver Caso: No. CV 85-04544 DMG, Flores vs. Procurador General de Estados Unidos).[15]

---

14 El aumento de las detenciones de menores migrantes no acompañados desbordó los sistemas establecidos para atenderlos El presidente Donald Trump concibió la afluencia de solicitantes de asilo, tanto de adultos como de menores, como una amenaza a la seguridad nacional, y su administración implementó un conjunto de medidas para disuadir a los migrantes. Los críticos argumentaron que esta respuesta exacerbó la crisis humanitaria de Centroamérica, infringió la ley estadounidense y violó las normas internacionales de derechos humanos (Cheatham, 2021).

15 La Corte de Distrito de EE. UU. del Distrito Central de California instruye al Departamento de Justicia que observe las disposiciones al momento de arrestar menores inmigrantes (USDC, 2015).

Varios estudios demuestran que los menores no acompañados, así como los integrantes de unidades familiares, en su mayoría, cuentan con familiares en Estados Unidos que podrían proveerlos de asistencia y hospedaje. En ese sentido, la reunificación familiar es uno de los objetivos de los migrantes y el incentivo principal para emprender la travesía (Torre Cantalapiedra, 2021).

Un razonamiento iusnaturalista, más humanitario y ético, justificado a partir de análisis de expertos en salud pública, centros de pensamientos y asociaciones de abogados considera que la aplicación del Título 42 no se justifica en el entorno de la crisis pandémica de COVID-19, y perjudica el debido proceso de ley a los solicitantes de asilo (Amon & et.al., 2020). El 30 de octubre de 2020, organizaciones de defensa de inmigrantes presentaron una demanda, en un tribunal federal de Illinois, contra los Centros de Control de Enfermedades (CDC, por sus siglas en inglés) solicitando más información sobre la aplicación de esta medida de salud pública, que desde su visión evita a los inmigrantes, incluidos los menores, solicitar asilo y lograr la protección legal en los Estados Unidos.

Señalan que los argumentos oficiales que se esgrimen sobre «el *temor fundado* a la propagación del virus de COVID-19», no es válido. Ya que, según la opinión de expertos en salud pública, se trata de un «pretexto» y no de una tesis válida de prevención sanitaria. Señalan que el rechazo normativo o expulsión hace «caso omiso a las medidas alternativas que en realidad pudieran aplicarse para proteger la salud de los implicados y al mismo tiempo preservar el acceso al asilo» garantizando el bienestar de los menores (Amon & et.al., 2020).

El planteamiento de los expertos en salud esquematiza la problemática, al describir la disyuntiva entre los objetivos y sus respectivas estrategias de las autoridades de migración; por una parte, la restricción de los solicitantes de asilo; y por la otra, la apertura al flujo de turistas: «La orden se centra en los indocumentados que ingresan por la frontera terrestre o por las costas» y a la vez, de manera absurda y contradictoria, «exime a los turistas» extranjeros que ingresan a Estados Unidos por avión o barco, «a pesar de que estos medios de transporte están incluidos en la lista de ambientes de concentración con mayor riesgo de transmisión de enfermedades que los viajes por tierra» que realizan los migrantes en entornos abiertos.

La aplicación del Título 42 a los flujos migratorios terrestres, se emite el mismo día en que los «Centros de Control de Enfermedades (CDC) establecen excepciones amplias para los viajes relacionados con la educación, el comercio y el intercambio. Por lo tanto, la norma se está utilizando como medida de exclusión dirigida a determinada población (indocumentada o irregular) y no como una directriz para proteger la salud pública» (Amon & et.al., 2020).

Esta medida sanitaria se convierte en una política de migración restrictiva contra los flujos migratorios pues, en lugar de aplicar la autoridad del Título 42 como una acción de contención ante la propagación del virus de COVID-19, en realidad de lo que trata es la desmotivación de la inmigración irregular, agravando la situación de los migrantes que se desplazan por razones de asilo, al mismo tiempo, adrede o no, se incrementa la vulnerabilidad de los menores migrantes afectando su bienestar físico y mental.

Por lo cual queda claro que, esta política pública tiene un espíritu restrictivo, obvio de y desalentador de las solicitudes de asilo. En caso contrario y con la idea de apegarse a los lineamientos sobre asilo que en esta materia dicta el Título 8 USC y de esta manera otorgarles un permiso temporal o incluso un *waiver* para que el solicitante continúe con el proceso en libertad. De esta forma, la aplicación del Título 42 dejaría de afectar a los menores no acompañados y, en algunos casos, a las unidades familiares que serían expulsadas de inmediato a México o a sus países de origen. Incluso podría permitirse que los menores se hagan acompañar de sus familiares y de así evitar la detención temporal, ahorrar ese recurso público destinado al albergue; y erradicar la victimización de la cual son objeto los migrantes expulsados los cuales quedan expuestos a la trata o tráfico de personas.

En el caso de los menores no acompañados, buscar mecanismos o instrumentos tecnológicos más eficientes que permitan contactar, de inmediato, a sus tutores en lugar de habilitar instalaciones de hospedaje inadecuados que en época de pandemia resultan sitios más riesgosos debido a que el hacinamiento los expone más a todo tipo de contagios incluyendo de la COVID-19; tal y como lo señalan los CDC, en cuanto a que «los conglomerados propician la propagación del virus de COVID-19» (Amon & et.al., 2020).

Además, la aplicación del Título 42, viola las obligaciones legales de Estados Unidos emanadas de los tratados internacionales en cuanto al derecho de asilo y la prohibición de la expulsión sumaria de migrantes irregulares. Con la aplicación del Título 42 se viola este principio, y se obvia el requisito de, que cada solicitud, en lo individual, está sujeta a un proceso de revisión por parte de las autoridades competentes en la materia, antes de proceder, si este fuera el caso, al rechazo y a la subsecuente expulsión.

Con la aplicación del Título 42 se llevaron a cabo «un número sin precedentes de expulsiones sumarias. Los menores repatriados fueron expuestos a condiciones desconocidas, sin ninguna consideración a sus condiciones de vulnerabilidad, afectando su bienestar, seguridad e integridad» (Clough, 2021).

Los señalamientos, estudios y argumentos de centros de pensamiento, organizaciones de abogados, o expertos en salud no detuvieron la aplicación del Título 42, la cual se extendió y se mantuvo vigente mientras «existiera la alerta contra la propagación de la pandemia de COVID-19» (finiquitada el 11 de mayo de 2023) a pesar de las acciones emprendidas contra esta medida desde el inicio de la administración del presidente Joe Biden (BBC World, 2021).

Desde marzo de 2020 hasta julio de 2021, bajo este precepto se expulsaron a más de 940 000 migrantes irregulares entre las cuales se contabilizan a miles de menores y a unidades familiares. Estas expulsiones afectaron, en especial, a niños y adolescentes que requieren mayor atención en salud, alimentación y cuidados de higiene.

Otros menores migrantes, recluidos en Estados Unidos experimentaron situaciones semejantes de incertidumbre sin conciencia plena o, en su momento, ser informados sobre su liberación, reunificación familiar, o contactar a personas conocidas, amigos o designar tutores que pudieran darles acogida mientras sus padres o familiares fueran ubicados. Incluso, antes de la crisis de la pandemia, la administración de Donald Trump, bajo la política de «Cero Tolerancia en la Frontera» había separado de sus familias a unos 2342 menores, dañando, con severidad, su salud física y emocional (Domonoske, 2018).

Con la aplicación del Título 42 se agravó aún más la situación de estos menores procedentes, en su mayoría de Honduras, El Salvador y Guatemala. En una comparecencia ante la Comisión de Seguridad Nacional y Asuntos Gubernamentales del Senado, en junio de 2020, el comisionado en funciones de la Oficina de Aduanas y Protección Fronteriza (CBP), Mark Morgan, dijo que la pandemia de coronavirus «planteó retos a CBP, incluyendo... un incremento de las infecciones por coronavirus procedentes de migrantes de Sudamérica», por lo cual «fue fundamental aplicar medidas de salud pública como el Título 42, que permitió a los agentes fronterizos expulsar, ipso facto, a los migrantes para evitar la propagación del coronavirus» (C-Span, 2020).

En esta misma comparecencia el senador Ron Johnson (republicano por Wisconsin) elogió los instrumentos de contención a la inmigración irregular implementados por CBP porque «han reducido sustancialmente la inmigración ilegal», al pasar de un promedio diario de 4651 inmigrantes (indocumentados y solicitantes de asilo) a 745 diarios. En su presentación introductoria, ante este Comité, el comisionado en funciones Morgan, reiteró la importancia de la aplicación del Título 42 para desincentivar el ingreso irregular de familias procedentes del Triángulo Norte de Centroamérica, «porque saben que serán regresados de inmediato al país por donde cruzaron la frontera» (C-Span, 2020).

Las consecuencias por la aplicación del Título 42 en la seguridad física de menores, unidades familiares y de los migrantes irregulares en general (solicitantes o no de asilo), significaron un reto a las administraciones tanto del presidente Trump como de Joe Biden, porque puso en claro que con esa política pública de «emergencia sanitaria» se violentó el derecho de asilo. En julio de 2021, agentes del CBP detuvieron en promedio 6779 personas diarias incluyendo a 616 menores no acompañados (BBC World, 2021).

Según el DHS de haberse levantado la aplicación del Título 42 durante el año fiscal 2022, el gobierno de Estados Unidos no hubiera podido contener, con diversas medidas migratorias, a más de «2 millones de migrantes que pretendieron un ingreso irregular por la frontera sur de Estados Unidos». De acuerdo con datos de la Oficina de Aduana y Control Fronterizo para septiembre de 2021, se habían detenido a 1.1 millones adultos junto a unas 828 000 unidades familiares y más de 200 000 menores no acompañados (Alvarez, 2021).

El daño, afectación en la salud física y mental de los menores se convirtió en una constante durante aplicación de las políticas públicas en materia de migración en la administración del presidente Donald Trump aprovecho la pandemia del coronavirus para aplicar una medida de rechazo masivo de inmigrantes y la encontró en el Título 42 (USC) Sección 265, medida que no solo le sirvió para expulsar a migrantes irregulares sino para complicar los procesos de asilo y afectar la reunificación familiar de inmigrantes domiciliados en Estados Unidos. Trump también utilizó el tema de la migración irregular como una herramienta de campaña electoral y una conexión ideológica con sus seguidores.

Ya desde el inicio de su administración, de acuerdo con correos electrónico y memorandos obtenidos por el Consejo de Inmigración de Estados Unidos (AIC, por sus siglas en inglés), a través de la Ley de Derecho a la Información (FOIA, por sus siglas en inglés), se sabe que el presidente Trump estructuró una estrategia de contención a la inmigración irregular que tenía la intención de causar la mayor angustia posible a los menores no acompañados y a sus familiares o patrocinadores, complicando su reunificación y obligándolos a permanecer en instalaciones inadecuadas por largo tiempo (AIC, 2018).

Esa estrategia se convirtió en un instrumento, operativo y funcional, de las autoridades de migración estadounidense bajo la premisa de que infringiendo daños al bienestar de los menores migrantes y a sus patrocinadores, se desalentaba la inmigración irregular (AIC, 2018). Los menores fueron el centro de su política de contención y la información sobre esa situación, se expandió con celeridad por todos los países de origen.

El 27 de agosto de 2019, una nota informativa de la Voz de América señaló que 19 Estados de la Unión Americana y el Distrito de Columbia demandaron a la administración Trump por violentar una disposición judicial de 1997, Acuerdo de Flores, que restringía la temporalidad de detención de un menor migrante a un máximo de 20 días o menos, además de dotarlo durante su reclusión de condiciones sanitarias adecuadas y seguras. La administración de Trump pretendió su detención indefinida y en condiciones inapropiadas, lo cual denunció el fiscal general de California, Xavier Becerra: «las acciones de Trump no solo son dañinas para los menores sino moralmente reprensibles e ilegales», afirmó. Críticos, afines a la administración de Trump sostuvieron que la restricción de los lapsos en veinte o menos días significaba un aliento indirecto para «quienes llegan ilegalmente y usan a los menores para ingresar y permanecer en Estados Unidos», se trata, argumentaron, de «un pasaporte» de justificación a la ilegalidad (VOA, 2019).

Discernimiento crítico sobre las políticas migratorias

El Título 42 (USC, Secc. 265), su significado y ubicación como una política migratoria restrictiva y no como una medida emergente debido a la pandemia de coronavirus, se analiza en este libro a la luz del método epistemológico. Si bien es cierto que, los métodos en ciencias sociales, en ocasiones, representan más creencias ideológicas que acercamientos objetivos al fenómeno, por lo cual este libro aborda dos variables que explican los pros y los contras de una política migratoria restrictiva. Pero es fundamental para el logro objetivo e imparcial de este libro, se aborda desde una perspectiva teórica, se elabora un marco conceptual que permite el discernimiento crítico alejado de posiciones ideológicas lo cual toma en consideración los datos materiales. Por eso, en este libro, con toda pertinencia se apuntó a la importancia de reconocer la existencia de dos concepciones sobre el abordaje de estos temas con el fin de no dejar a ninguna de las partes fuera del debate.

Estas dos corrientes de pensamiento, a veces contrapuestas, están representadas por dos posiciones fundamentales: *el pensamiento normativo* (positivo y ortodoxo) y *el pensamiento crítico* (legal y sociológico). Es un hecho objetivo que el Título 42 emerge en un momento en el que las migraciones irregulares masivas, en forma de caravanas o como desplazamientos aislados de migrantes irregulares, se incrementan casi de forma exponencial hacia Estados Unidos. La migración internacional no es un fenómeno reciente sino ancestral, según la Organización Internacional para las Migraciones (OIM), en 2020 3.6 % de la población mundial, 281 millones, habían dejado sus países de origen, de ese porcentaje, un 70 %, 164 millones, eran migrantes económicos, el resto eran desplazados por distintas razones: violencia, persecución, guerras o desastres naturales (OIM, 2023).

Por esto, para extrapolar todos los elementos conceptuales que se derivan de la aplicación del Título 42, en especial la afectación a las poblaciones de menores migrantes y unidades familiares se utilizó como método la abducción analítica (Tavory & Timmermans, 2014).

A partir de la abducción analítica se incorporaron conceptos de la teoría sobre la migración internacional y las medidas de rechazo y expulsión derivadas de la normatividad vigente tanto las contenidas en el Título 8 (USC) como en el Título 42 (USC). Se observa que la aplicación del Título 42, a diferencia de otros ordenamientos (como el Título 8 USC, que también contiene reglamentación sobre asilo y refugio), genera una afectación directa en el bienestar de los migrantes.

Tavory y Timmermans plantean que como parte de la observación empírica y de las proposiciones teóricas, se conceptualiza un fenómeno, en este caso, la aplicación del Título 42 evidencia por sus efectos, en este caso de una política migratoria restrictiva. Una política restrictiva, no preconcebida antes en la historia de las políticas de contención de la migración irregular, por lo que, en ese sentido, es necesario interpretar el conjunto de casos concretos derivados de la aplicación del Título 42: expulsiones sumarias de unidades familiares, denegación de derechos, casos de indefensión, separación de menores no acompañados, y conductas nocivas contra tutores o patrocinadores.

Casos fehacientes que se encuentran documentados en reportes internos del Servicio de Control e Inmigración de Aduanas (ICE, por sus siglas en inglés; AIC, 2018). Información que configura con claridad la condición vulnerable de menores migrantes y de unidades familiares a nivel de crisis humanitaria (Tavory & Timmermans, 2014).

Es una realidad objetiva que esta crisis humanitaria afecta, todo lo más, a las poblaciones de menores migrantes. La vulnerabilidad de estas poblaciones de menores se capta a través de la abducción analítica[16] y se complementa con la teoría fundamentada (*grounded theory*),[17] ambas herramientas conceptuales permiten documentar los efectos del Título 42 en la salud física y mental de los menores.

A través de la convergencia de la investigación, cuantitativa y cualitativa se graficaron y extrapolaron conceptos derivados de los efectos de la aplicación del Título 42 en el bienestar de las poblaciones de migrantes menores y unidades familiares.

Es un hecho fáctico que los migrantes más vulnerables están afectados por la correlación directa, entre el flujo migratorio irregular (conglomerados en movimiento a veces en forma de caravanas) y la aplicación del Título 42.

Múltiples estudios demuestran que los movimientos migratorios están condicionados por una agencia (acto volitivo) derivada de impactos estructurales: económicos, sociales, ecológicos,

---

16 El análisis por abducción enriquece la concepción metodológica del diseño cualitativo (Tavory & Timmermans, 2014).

17 En el que el investigador intenta derivar una teoría general y abstracta de un proceso, acción o interacción basada en la visión de los participantes en un estudio. Este proceso implica el uso de múltiples etapas de acopio de datos y definir e interrelacionar las categorías de información (Creswell, Research Design. Qualitative, Quantitative, and Mixed Methods Aproches, 2003, pág. 14).

culturales o político-ideológicos. Estudios e investigaciones de campo comprueban que la emigración tiene causas estructurales y existe suficiente evidencia sobre las expulsiones de poblaciones debido a la pobreza, el cambio climático, los conflictos armados, el crimen organizado y la violencia entre pandillas (Torre Cantalapiedra, 2021).

Aquí caben las preguntas, ¿qué tan volitivo es el desplazamiento de un individuo para convertirse en migrante económico o ponerse en situación de asilado potencial? ¿Son las condiciones estructurales las que lo obligan? ¿Cuál es el grado de agencia de un migrante menor no acompañado? Las respuestas serían cruciales para el análisis de los colectivos en movimiento, tanto los migrantes en general como los menores no acompañados.

Las contribuciones de los expertos a la teoría migratoria suelen aclarar esta tendencia, en especial, cuando la «estructura económica», se opone al bienestar de los implicados,[18] restringiéndoles su bienestar, el movimiento migratorio sugiere una alternativa a su estado actual (Torre Cantalapiedra, 2021). Podría considerarse más perjudicial permanecer en sus países de origen que unirse a los flujos de colectivos en movimiento. Estos contrastes, entre permanencia y movimiento, a menudo son la fuerza material del acto volitivo, de un ideal externo frente a otro interno, uno estático y otro activo.

En una entrevista, realizada para este estudio, se le preguntó a un menor de 11 años que se encontraba en compañía de su padre haitiano esperando cruzar la frontera en Tijuana,

---

18 Los teóricos tratan de explicar el sentido racional de la migración transfronteriza «una tarea muy ambiciosa tomando en cuenta la amplia variedad de razonamientos por los cuales alguien migra» (Fitzgerald, 2014, pp. 119-120).

Baja California, sobre su futuro próximo inmediato: «¿por qué quieres cruzar a Estados Unidos?». La respuesta fue contundente: «¡para vivir mejor!». Esa respuesta clarifica la conexión en un sistema de contrastes entre estructura y agencia, y define la conducta volitiva o de agencia del menor.

Estudios demuestran que los hijos adoptan las posturas políticas y las acciones de sus padres cuando sienten que estas conductas son el eje motor de la familia. Esas investigaciones ponen de manifiesto que los hijos se conducen de conformidad con las conductas que expresan sus padres en el seno familiar. Cuando los padres sustentan fuertes convicciones políticas, sociales o económicas tienden a convertirse en la ideología dominante de la familia. Se considera que esta ideología tiene una dinámica de transmisión entre padres e hijos.

Los menores tienen más probabilidades de adquirir puntos de vista políticos, económicos o sociales de sus padres, estructuran su pensamiento y basan su razonamiento en la información que reciben en casa. Aunque, esta dinámica es susceptible de cambio, con el tiempo si los menores se exponen a otros ambientes y deben adaptarse a otros criterios políticos. Este enfoque sobre la ideología de los menores es el resultado de un estudio sobre socialización política realizada por un panel de expertos (Dinas, 2013).

La postura subjetiva (también conocida como construccionismo o interpretacionismo) plantea que los fenómenos sociales se construyen a partir de las percepciones o acciones consecuentes de ciertos actores sociales quienes se ocupan de la existencia de esa realidad (Creswell, 2003).

En este sentido, la posición gubernamental de los actores políticos de los países de origen y destino no transforma las circunstancias del fenómeno migratorio de los migrantes, sus hijos y sus familias, porque su agencia también tiene una dinámica interactiva con su ecoambiente social.

Es un hecho que, en el contexto del fenómeno migratorio, prevalece el paradigma de expulsión y atracción (*push and pull*), en los desplazamientos y en la movilidad de los colectivos, esto a pesar de que se implementen medidas restrictivas de política migratoria derivadas de una corriente ideológica preponderante (*mainstream*; Creswell, 2003). Searle en su libro *The Construction of Social Reality* (1995) sostiene que existen diversas formas de intencionalidad inconsciente, que se forman como creencias, aun cuando el individuo no pretende formar estructuras dominantes de pensamiento, pero al interactuar construyen una realidad social. Esta ontología podría ser el caso de los migrantes que construyen una realidad social que los impulsa a emigrar o formar conglomerados en movimiento e iniciar la travesía hacia otro lugar de destino.

A partir de este paradigma se diseñan múltiples análisis y teorías sobre la migración internacional que pretenden abordar la razón ontológica del migrante, su concientización y acto volitivo (agencia) para iniciar la travesía desde su lugar de origen hasta un lugar de destino. John Searle sostiene que la ontología social humana conjuga aspectos relevantes de su pensamiento que le permiten su actuación colectiva y su construcción social en una realidad y un lenguaje fecundos e influyentes. En este sentido, los migrantes forman su lenguaje como «migrar para vivir mejor», «tener un trabajo para salir adelante», «obtener protección a su integridad física», «asilarse», «sueño americano', etc., frases que impulsan los actos volitivos y la agencia de los individuos y de los colectivos en movimiento.

Cuadro 1. Metodología para codificar las narrativas

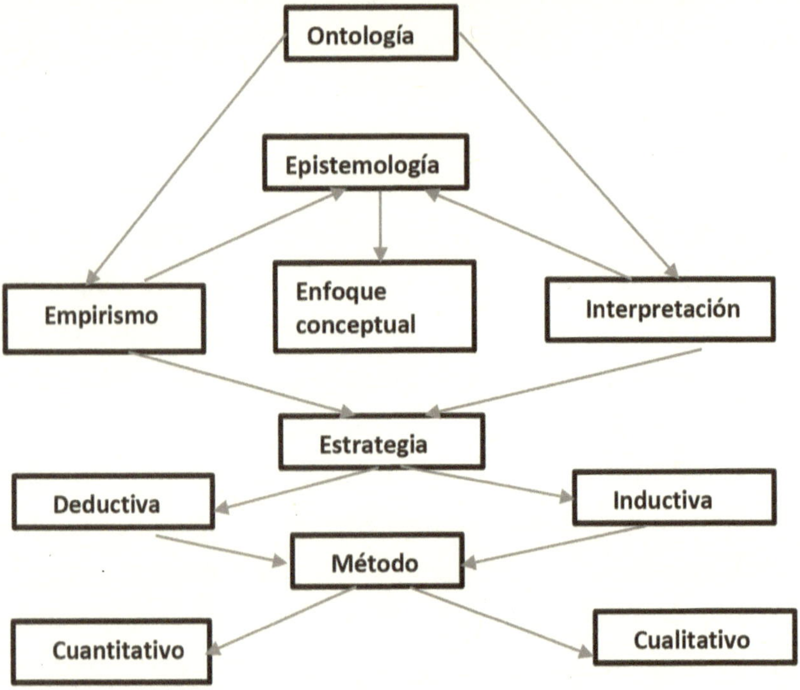

Fuente: Creswell, Research Design. Qualitative, Quantitative, and Mixed Methods Aproches, 2003, pág. 5

Si aplicamos una metodología mixta para codificar las narrativas de los migrantes y conocer hasta qué punto su agencia es producto de un ecosistema socioeconómico e independiente de las políticas públicas implementadas por los actores políticos, se tendrán importantes respuestas sobre el fenómeno migratorio. En una entrevista realizada a un colectivo de migrantes de origen mexicano sobre las razones de emigrar, el 90 % señaló razones económicas y el bienestar de su familia. Pero, lo más interesante, es que estas razones económicas no tienen que ver con oportunidades de empleo sino con las equivalencias y disparidades entre salarios en pesos y en dólares. Uno de ellos contestó: aquí, en Estados Unidos, «obtengo en la construcción 30 dólares por hora, eso lo gano en una semana en México».

Este enfoque demuestra que la aplicación de una metodología mixta arroja resultados interesantes sobre las causas y los efectos que actúan sobre la agencia de las poblaciones de migrantes y, por ende, como respuesta a esta atracción salarial los actores políticos aplican medidas migratorias restrictivas. En ese contexto emerge la aplicación del Título 42 como medida de contención por las administraciones de los presidentes Donald Trump y Joe Biden, la cual se reduce a una acción coercitiva. La aplicación del Título 42 no solucionó el fenómeno migratorio como lo demostraron sus efectos durante su vigencia, al contrario, la migración se complicó y se exacerbó.

El flujo migratorio no se detendrá en el corto plazo, hay demasiados conglomerados multinacionales en situación de *stand by*, a la espera, de que de un momento a otro se flexibilice o disminuyan las medidas coercitivas. Por lo pronto, actores políticos y autoridades de primer nivel encargados del control migratorio seguirán analizando las mejores acciones para desactivar o detener estos colectivos en movimiento. Pero corresponde a los académicos y estudiosos de este fenómeno, recabar la información, de alto valor epistemológico, de utilidad conceptual, para ubicarlo en un contexto objetivo, así como explicar las implicaciones de esta política migratoria restrictiva.[19]

Los estudiosos se diferencian del papel que juegan los actores gubernamentales del poder ejecutivo, estatal, de los congresos locales, de las instituciones judiciales y del Congreso de

---

19 Massey & Pren, Unintended Consequences of U.S. Immigration Policy: Explaining the Post-1965 Surge from Latin America, 2012.

los Estados Unidos, los cuales impulsan leyes y políticas públicas de contención (visión westfaliana). Si bien es cierto que las medidas de contención se aplican para satisfacer el clientelismo político nacional o mejorar el *rating* de los representantes populares frente a su electorado o atender las críticas de los segmentos de opinión, también lo es el hecho, ya mencionado con anterioridad que los desplazamientos internacionales de los migrantes obedecen a situaciones estructurales (Torre Cantalapiedra, 2021).

Los estudios de caso, la información y los datos estadísticos sobre las expulsiones del Título 42 y del Título 8, tienen el objetivo de mostrar al lector la magnitud del fenómeno migratorio y la relevancia que tienen estas medidas de contención para los solicitantes de asilo incluyendo las poblaciones de migrantes en general, así como en los menores no acompañados y las unidades familiares.

Es importante señalar que las hipótesis y argumentos que se sustentan en este libro se derivan de un proceso de análisis obtenido por medio de inferencias deductivas derivadas de las bases de datos estadísticos sobre las expulsiones de migrantes, la reclusión de menores no acompañados y la remoción de unidades familiares, que en su conjunto generaron la situación actual. Para evitar simplificaciones sobre el fenómeno migratorio se hacen planteamientos deductivos derivados de la codificación de las narrativas de los migrantes y de familias entrevistadas.

El acercamiento epistemológico del libro utiliza el diseño convergente[20] para comparar datos cualitativos y cuantitativos,

20 Se considera importante recurrir al diseño convergente o paralelo (datos cualitativos y cuantitativos de forma concurrente) para comparar resultados.

recopilados, a través de fuentes oficiales, entrevistas, investigaciones y reportes e informes de agencias especializadas. Asimismo, se recopilan datos cualitativos provenientes de las experiencias de los migrantes menores, y al mismo tiempo, se codifican sus narrativas para obtener conclusiones. También se utilizan los datos cualitativos para explorar los resultados cuantitativos y medir la dimensión de la problemática.

Por lo cual, los conceptos son elementos centrales de la construcción de las hipótesis (derivadas de los acercamientos conceptuales de la migración) y forman parte integral del método cualitativo y cuantitativo de esta investigación (Goertz, 2006). Las variables de rechazo y de atracción, se entrelazan como paradigma y conforman el marco teórico conceptual del movimiento migratorio.

Es difícil, como se ha observado en los diferentes estudios conceptuales del fenómeno migratorio, establecer las razones que impulsan a los migrantes al abandono de sus países de origen. Algunos estudios conceptuales, como la teoría neoclásica, la nueva economía o la formación de redes, definen las causas y las razones de agencia de la emigración. Los conceptos expresados en variables independientes estructurales como la pobreza y la marginación, el cambio climático y los desastres naturales, el resquebrajamiento del estado de derecho, la corrupción y la violencia; explican de manera implícita los movimientos migratorios (Brettell y Hollfield, 2015).

Otras corrientes de pensamiento sitúan la emigración en los factores «meso» como las tecnologías de la comunicación y los vínculos con la diáspora que a menudo atraen a las personas fuera de sus países de origen al plantearles mejores condiciones de vida en los países desarrollados. Pero existen «microfactores» (religiosos, económicos, civiles y sociales), que son considerados al momento de tomar la decisión de emigrar (Castelli, 2018).

Todas estas variables independientes impactan a la sociedad, quizá como contenido de variables dependientes de la emigración. Las personas afectadas son desplazadas de su entorno y hábitat, y, se movilizan, en busca de refugio, protección o mejores condiciones económicas de vida allende a sus fronteras.

Los colectivos en movimiento se conducen con la esperanza de lograr su bienestar, sin embargo, la travesía está llena de obstáculos, desde la partida, el tránsito por múltiples países, hasta el arribo a la frontera norte de México y la franja fronteriza del sur de Estados Unidos.

La ejecución de las disposiciones legales contenidas en el Título 42 sección 265 así como en la Ley de Inmigración y Nacionalidad Part IV 237 (Title 8 USC 1227) y Título 8 USC secciones 1325 y 1326, relativas a la expulsión de inmigrantes irregulares; corresponden al positivismo legal (USIS, 2021). En ese contexto, esta corriente de pensamiento legal positiva, se derivan la potencial denegación del debido proceso tanto a los migrantes como a los menores no acompañados así como a familias de migrantes solicitantes de asilo de conformidad con las disposiciones del Título 42 y el Título 8.

Los ordenamientos jurídicos de protección de menores como la Ley de Reautorización de la Protección de las Víctimas de la Trata de Personas de 2008 (TVPRA, por sus siglas en inglés) y el acuerdo de conciliación de 1996 derivado del juicio Flores vs. Meese, no se aplican, en algunos casos, debido a ortodoxias legales, de aquellas autoridades de procuración de justicia que basan sus criterios en hechos jurídicos fehacientes y trasladan la carga de la prueba en los menores migrantes y migrantes solicitantes de asilo; según lo relatan informes de organizaciones defensoras de los derechos civiles (ACLU, 2014).

Esta acción ortodoxa de aplicar la ley vigente, en el primer contacto que tienen los agentes de procuración de justicia (*law enforcement agents*) con los migrantes irregulares (menores no acompañados y menores integrantes de unidades familiares) presupone condiciones jurídicas objetivas donde el transgresor es identificado en el acto violatorio de la normatividad.

La tesis positivista o realista establece que un sistema jurídico depende de la presencia de ciertas estructuras de gobierno, no le interesa que el derecho satisfaga los ideales de justicia o democracia; solo que se aplique la ley «como debe ser» porque así es un Estado de Derecho. Las leyes vigentes tampoco se validan por medio de conjeturas o actos subjetivos de las autoridades sino de formalismos procesales. Las leyes se aplican porque son reglamentaciones de las instituciones públicas, son de observancia general y responden al bien público porque ese fue el objetivo de los congresistas al momento de su promulgación. Los agentes procuradores de justicia están obligados a observarlas.

Esta conceptualización de la teoría legal positiva (realista) no hace interpretaciones sobre el espíritu de los ordenamientos jurídicos, en cuanto sí son justos, inteligentes, eficientes o prudentes; sino que se ajusten a lo que prescribe la ley. Otros argumentos como injusticia, insensatez, ineficiencia o imprudencia no son razones suficientes como para dudar de la validez y obligatoriedad de la ley. Según el positivismo, el derecho es una cuestión de normatividad, decidido, practicado y aceptado por la sociedad en general (Austin, 1995). El positivismo es el pilar del sistema jurídico estadounidense, se remonta a los años previos de la redacción de la constitución, cuando John

Adams se inspiró en el pensamiento británico para asentar que los términos constitucional e inconstitucional eran sinónimos de legalidad versus ilegalidad (o actos contrarios), en ese sentido todo acto inconstitucional o anti-institucional era ilegal.[21]

Para Bentham y Austin, el derecho es parte integral de la soberanía nacional. Las leyes son mandatos soberanos, órdenes generales que se aplican a personas y que están respaldadas por la fuerza o la «sanción» del estado como institución.

Esta teoría positiva identifica la existencia de la ley con los patrones de mando, con la autoridad y con la obediencia, sin cuestionar si el poder soberano tiene un derecho moral o si sus mandatos son meritorios. Esta teoría tiene dos rasgos distintivos: es monista, porque todas las leyes son impositivas a quienes se encuentran dentro de una soberanía (jurisdicción del estado); es reduccionista, ya que sostiene que el lenguaje normativo es fáctico, por lo tanto, dentro de una dualidad entre poder y obediencia (Bentham & Hart, 1970; Austin, 1995).

Por otra parte, y en contradicción existe la teoría legal crítica, que se ha puesto de moda en el Siglo XXI debido a consideraciones humanistas que se hacen sobre los actos de la autoridad. Esta teoría crítica ha tenido mayor resonancia a partir de los actos autoritarios de agentes de procuración de justicia contra minorías afroamericanas: así emerge la teoría crítica racial. De la misma manera, la teoría crítica legal plantea el lado humanista de la ley, es decir, los derechos naturales del ser humano. Estos derechos son inalienables a la persona y tienen la finalidad de protegerle contra los abusos de autoridad o de la denegación del debido

21 Los debates entre Jefferson y Adams para la redacción de la constitución consideran el sentido de obligatoriedad de las leyes (Wood, 2017, 169-170).

proceso. Si bien una norma se caracteriza por su obligatoriedad también existen otras disposiciones jurídicas que limitan su coercitividad. Unger (2015) ofrece un ejemplo de cómo la cultura moderna abre un espacio jurídico al movimiento de la teoría crítica legal. Normar la conducta del individuo es el objetivo primordial de la ley.

Esto, a pesar del hecho de que el pensamiento moderno tiene principios morales derivados de una visión «individualista» de la sociedad; es decir, considera prioritaria la libertad individual y la autosuficiencia. También en la cultura moderna existe una solidaridad social que da estabilidad a la convivencia comunitaria. Para la toma de decisiones jurídicas del Estado son excluyentes al individualismo, al altruismo y la solidaridad comunitaria (Ward, 2004).

En la toma de decisiones jurídicas, de acuerdo con Unger (2015), el contenido de cualquier norma jurídica alberga en su estructura un sentido antiético; es decir, sin contemplar una serie de principios o motivaciones personales derivados de prioridades de valor subjetivo que sean contradictorios a su obligatoriedad (Ward, 2004). Por otra parte, y en sentido contrario, el derecho contractual, presupone la buena fe de los negociadores, quienes tienen la libertad de sujetarse o no a los términos que marca un contrato, ya que una vez concluido el proceso de negociación se procede a la firma libre e intencional, sin embargo, cualquiera de los contratantes puede cuestionar la validez del acto si argumenta que el proceso se formalizó bajo circunstancias antiéticas o por presión de alguna de las partes, limitándose el principio de libertad porque de haber coacción, intimidación o mala fe queda sin efecto el contrato (Ward, 2004). Por estas mismas circunstancias la teoría crítica legal, como movimiento o corriente doctrinal, señala que la aplicación de la normatividad representa factores reales de poder, sujetos a la dialéctica de la liberación de los oprimidos y al humanismo.

Estos conceptos del derecho constituyen dos corrientes contradictorias, una construida por las instituciones de gobierno (denominado enfoque realista o positivista) y la otra por organizaciones no gubernamentales, centros de pensamiento e investigaciones sociales (conocido como enfoque de la teoría crítica) que a través de un acercamiento ontológico se llega a la conclusión de que la aplicación del Título 42 es utilitaria y pragmática cuyo objetivo fundamental fue la expulsión expedita de miles de migrantes y de unidades familiares, conforme al supuesto «de aplicar la ley», antes de otorgar el derecho de audiencia a un probable solicitante de asilo. Dentro de ese espectro, aparecen como los más afectados los menores migrantes y sus familias que huyen de persecución política, violencia o beligerancia armada que, en potencia, tienen derecho al asilo (respaldados por las corrientes emanadas de la teoría crítica legal).

Problemas derivados de la aplicación del Título 42

En los primeros meses de 2022, los jueces de inmigración estadounidenses concedieron asilo y permisos temporales al 48.4 % de los 23 590 casos que revisaron, lo que significa que por autoridad del Título 42 miles de solicitantes fueron expulsados, de inmediato, a México o a sus países de origen, generándoles un grave daño y en algunos casos la muerte. Otros fueron detenidos sobre todo los menores no acompañados (Isacson, 2022).

Como consecuencia directa de la aplicación del Título 42, miles de migrantes fueron expuestos a riesgos a su integridad física, pero sobre los más afectados fueron los menores no acompañados que fueron recluidos, conforme a directrices del Departamento de Salud y Servicios Humanos (HHS) que, en hipótesis o por norma, en un corto período, serían entregados a familiares. Esta directriz fomentó el tráfico de menores. Algunas familias entregaron a sus hijos a traficantes, previo pago de miles de dólares, «para que los ingresaran solos a Estados Unidos», (Sulbarán, 2021). No solo fueron afectados en su bienestar al ser recluidos, sino que habrá secuelas que, en el corto, mediano y largo plazo impactaran de manera negativa a sus familias y en algunos casos a sus comunidades.

La expulsión y detención de menores, de acuerdo con los hallazgos de esta investigación, afecta el bienestar de las poblaciones de migrantes menores. Esta situación se comprueba por medio de una metodología convergente (cualitativa-cuantitativa) cuyos resultados demuestran que en la mayoría de los casos los menores deportados o detenidos sufrieron carencias, enfrentaron trastornos mentales (derivados de la ansiedad e incertidumbre), algunos tuvieron una alimentación inadecuada, fueron alojados en ambientes poco higiénicos, sin atención médica, objeto de maltratos físicos, de explotación, de violencia física y en condiciones de hacinamiento, y; aquellos que fueron expulsados, vivieron en asentamientos irregulares, insalubres donde fueron objeto de vejaciones y malnutrición.

Por eso, se conceptualiza al bienestar a través de variables directas asociadas a las condiciones físicas, mentales y socioeconómicas de los menores migrantes.

Los menores migrantes fueron expuestos a diversos entornos y ecosistemas inadecuados para su desarrollo lo cual incrementó su vulnerabilidad física y mental. Los menores migrantes, como paradigma, tienen la condición de desplazados sujetos a la subsistencia en asentamientos irregulares inadecuados para su hábitat (Mishori, American Family Physician, 2020). La definición conceptual del bienestar de un menor, de acuerdo con la doctora Tchiki Davis (2019), es la posibilidad de que el infante se desarrolle en un entorno saludable y próspero, cuyas variables fundamentales son la higiene, infraestructura ambiental adecuada (drenaje, agua potable, techo, piso, etc.) entorno seguro, núcleos familiares que coadyuvan la gestión del estrés, alimentación y acceso a servicios médicos (Mishori, American Family Physician, 2020). No se pueden descartar estas variables de bienestar al momento de analizar la situación y ambientes a la que fueron expuestos los menores migrantes expulsados o detenidos en albergues administrados por el HHS.

Oberg (2019) indica que los menores migrantes son un grupo vulnerable enfrentados a peligros adicionales los cuales afectan su salud física y mental —sin distinción de su país de origen— y que se derivan de las políticas de inmigración (de los lugares de destino). Esta política afecta, a los solicitantes de asilo cuando son rechazados por oficiales de inmigración, no especializados, y no por jueces, conocedores de la materia. Muchos de ellos, los que «no califican» para el asilo, son detenidos y trasportados a sitios fronterizos para ser expulsados de inmediato; otros menores sujetos a la normatividad vigente son recluidos en sitios donde, en algunas ocasiones, existe una reglamentación endeble sanitaria y nulo o escaso acceso a la salud física y mental.

Oberg (2019) explora las determinantes y variables que se desprenden de las condiciones de salud, agudas y crónicas, de un ecosistema y la manera cómo afectan la salud física y mental de los menores migrantes. El autor examina los traumas sufridos por los menores en su país de origen, la huida de la guerra, la violencia y/o la pobreza, la desertificación o el cambio climático, los desastres naturales lo que se suma a los sinsabores de la travesía, el estrés y los peligros a lo largo del viaje para que sean sujetos a políticas públicas derivadas de un sistema jurídico o político de rechazo (como el Título 42). Lo que significa, en algunos casos, la remoción expedita a ciudades fronterizas del norte de México y vivir en situación de calle. Los menores no acompañados son remitidos a centros de procesamiento del DHS para luego enviarlos a centros de detención donde prevalecen ecosistemas de estrés que afectan su bienestar (Oberg, 2019).

El reconocimiento del papel que juegan las determinantes sociales en el bienestar de los menores migrantes obliga a estructurar políticas públicas de gestión por parte de instituciones de gobierno y organizaciones no gubernamentales. En ese sentido, la Academia Americana de Médicos de Familia (AAFP, por sus siglas en inglés) promueve acciones y actividades que aborden estas determinantes con el fin de que los menores migrantes se desarrollen en un ambiente propicio. La experiencia del desplazamiento, las condiciones socioeconómicas de la inmigración, así como la detención son elementos cruciales que pueden afectar a largo plazo la salud física y mental de los menores migrantes (Sánchez, Diez, Fava, Cyrus, & et.al., 2019).

Al identificar las determinantes que afectan el bienestar de los menores migrantes, se observa que las decisiones políticas específicas no consideran las diversas especificidades que tiene la inmigración, por lo cual, al abordar el fenómeno migratorio como un bloque sólido se producen consecuencias negativas en la integridad física, emocional y mental de esta población vulnerable. Por ejemplo, la política de separación de familias está asociada a problemas psicológicos, sociales y de salud agudos que tienen consecuencias a largo plazo en el desarrollo saludable de los menores (Dreby, 2015).

En cuanto a los aspectos negativos sobre el bienestar de los menores migrantes, derivados de su detención en los centros de reclusión (albergues), están el hacinamiento, la escasez de cobertores, la insuficiencia de productos de higiene personal, la alimentación inapropiada, así como la exposición a condiciones ambientales adversas como bajas temperaturas y exposición continua a alumbrado las 24 horas del día en los dormitorios (Czeisler, 2018).

Estas condiciones, según expertos que visitaron instalaciones donde se encuentran recluidos los menores migrantes, están relacionadas con diversos efectos negativos a su salud mental, como la exacerbación psicológica traumática, el miedo, la ansiedad y la depresión (Wood, 2018).

Durante la visita que hicieron a estos reclusorios (albergues) los especialistas encontraron que la iluminación continua en dormitorios incide en el bienestar de los menores generándoles distorsión de los ritmos circadianos, ataques de pánico y ansiedad. Por lo que respecta al hacinamiento en los dormitorios, los catres en mal estado, la falta de higiene y la falta oportuna de cambios de la ropa de cama produce contagios de sarna y otras enfermedades infecciosas (Czeisler, 2018).

Por lo que consideraron como fundamental el reconocimiento de los efectos que ocasionan en los menores la ausencia determinante del bienestar, situación considerada como preocupante por las autoridades, por las organizaciones humanitarias y por los grupos de derechos humanos. Este entorno inhóspito de los albergues, en el contexto del Título 42, fue una constante y consecuencia directa de las políticas de contención migratoria. Es ineludible el abordaje del deterioro del bienestar en los menores migrantes a partir de las políticas de inmigración punitivas e incluso la ponderación de las secuelas subsecuentes en los ambientes familiares. Los efectos del Título 42 en el bienestar de los menores no se resolverán ipso facto cuando se levanten las medidas sanitarias coyunturales porque las secuelas son de largo plazo.

Las narrativas sobre las políticas de contención de los flujos migratorios a Estados Unidos tienen como objetivo fundamental la reducción del número de personas que intentan su ingreso de manera irregular al país. Estas medidas incluyen el fortalecimiento de la seguridad fronteriza, el aumento de los recursos presupuestarios a los servicios de inmigración para la de detección, detención y remoción de los inmigrantes y la subsecuente aplicación de las secciones más punitivas de las leyes migratorias, el combate del tráfico de personas y el impulso de medidas coyunturales preventivas como el despliegue de efectivos militares a lo largo de la frontera.

En ese contexto para Estados Unidos, el levantamiento de la medida sanitaria impuesta a los flujos migratorios irregulares se complica, porque es poco probable que expulsarán de manera expedita a los migrantes bajo otros ordenamientos jurídicos. Es probable que se enarbole, de nuevo, una medida sanitaria de contención bajo el argumento de que la pandemia de COVID-19[22] permanece endémica en países con baja tasa de vacunación. Una política pública restrictiva emergente, acompañada de expulsiones expeditas, tiene el fin de desmotivar los flujos migratorios y reducir las solicitudes de asilo. La repetición de este argumento se justificaría con más facilidad porque el ordenamiento forma parte ya de las narrativas de contención de la migración irregular.

Por lo expuesto es inseparable de este contexto regulatorio la posición contraria a las políticas de contención migratoria de la *corriente revisionista* que aboga por los derechos de asilo de los desplazados tomando en consideración que prevalecen las condiciones de rechazo en sus países de origen debido a guerras, violencia, pobreza, cambio climático o inestabilidad política.

Ambas corrientes opuestas, la *positiva* y la *crítica legal* están, por dialéctica, unidas, distantes pero cercanas, dan fundamento y sentido pragmático a sus narrativas. Porque mientras una aboga por la coacción derivada de la línea westfaliana, el estado de derecho y la soberanía nacional; la otra, en sentido inverso, humanista y ética, defiende los derechos de los migrantes en especial a los solicitantes de asilo (Held, 1980; Rodríguez Puerto, 1996).

22 Investigaciones sobre la COVID-19 revelan que los contagios propiciados por este virus serán endémicos, radicados en países con baja tasa de vacunación y poca infraestructura en salud pública como los países emisores de inmigrantes (Phillips, 2021).

Dentro del estudio de estas concepciones, no cabe un pensamiento peyorativo, es función del estado observar el cumplimiento de las leyes y la institucionalidad (Bentham & Hart, 1970).[23] El Título 42 y el Título 8 están respaldados por ordenamientos estatutarios, el Estado tiene la obligación de representar el bien común. Así como las organizaciones civiles de derechos humanos están respaldadas por el sentido dogmático de la preservación de los derechos naturales del ser humano, representan el bien comunitario. Ahora bien, el gran debate se sitúa en una pregunta: ¿cómo controlar flujos migratorios irregulares cuando, de manera oficial, concluya la emergencia sanitaria?

Oficiales de migración y actores políticos conservadores han sostenido que el Título 42 ha sido una medida necesaria de contención ante el flujo masivo de migrantes que intentaron su ingreso irregular a Estados Unidos. Dicha postura otorgó razones a las organizaciones humanitarias que argumentaron, en su momento, que tal medida tuvo como objetivo principal la expulsión masiva de migrantes solicitando asilo, dejándolos en estado de indefensión, dicha crítica está sustentada por la teoría crítica legal (Ward, 2004)[24] (Held, 1980).

Cabe señalar, que estas organizaciones humanitarias a favor de los migrantes están en la misma línea de pensamiento de algunas autoridades e instituciones de países emisores y de tránsito de migrantes [como el posicionamiento de la Secretaría

23 El derecho positivo es utilitario en el sentido de que la coacción se aplica para corregir una conducta indeseada: «el castigo ha de ser mayor que el beneficio del delito» (Bentham & Hart, 1970).

24 El pensamiento crítico niega la visión inamovible de las etapas del desarrollo histórico (Held, 1980), demostrado por los cambios históricos en la gestión de la inmigración a Estados Unidos (Corwin, 1978).

de Relaciones Exteriores con respecto al Programa Permanecer en México y la aplicación del Título 42] (SRE, 2021).

Críticos, analistas, algunas instituciones de gobierno y organizaciones no gubernamentales consideran que la solución al problema es estructurar en los países de acogida políticas públicas que permitan una migración segura ordenada y humana. Entre las organizaciones civiles que enarbolan esta visión están: la Unión Americana de Libertades Civiles (ACLU), la Casa de Derechos de Inmigrantes (CIR), la Red de Inmigrantes de Derechos Humanos (HRIF), la organización Conectando Inmigrantes (IC), la Alianza Nacional para la Inmigración (NAI), la Coalición de Inmigración (IC), la Red de Defensores de los Inmigrantes (ILRC), la Coalición de Inmigrantes de los Estados Unidos (USIC), la Red para la Justicia de los Inmigrantes (NJI), muchas otras más.

Cada una de estas organizaciones tienen posicionamientos de defensa sistemática de los migrantes internacionales sin asumir una postura media que sirva de punto de negociación. En ese sentido, los defensores de los solicitantes de asilo (en especial aquellos relacionados con los menores no acompañados e integrantes de unidades familiares) señalan que los ordenamientos jurídicos tienen una estrechez institucional que no corresponde a la realidad social de los migrantes internacionales (como procesos de remoción inmediata, cuotas limitadas en materia de asilo y refugio, detenciones punitivas, etc.).

Esta situación contradictoria desemboca también en un punto crítico institucional que no permite al Estado negociaciones debido al alto volumen de solicitantes de asilo y las posibilidades limitadas de las autoridades para procesarles. El planteamiento está destinado a su resolución en tribunales por un lado las resoluciones de las jueces de migración y, por el otro, la representatividad legal proporcionada por asociaciones de derechos civiles. Y en muchos casos, coinciden con el planteamiento gubernamental de aplicar la normatividad del Título 8 correspondiente al asilo en lugar del Título 42 (ACLU, Title 42, 2021).

Pero la administración del presidente Biden sabe que asumirá una nueva postura disuasiva al implementarse el Título 8, semejante a la que hizo en su momento el secretario de Seguridad Interior al justificar la medida sanitaria, en 2021, Mayorkas dijo que las aglomeraciones de migrantes «pueden causar una propagación significativa de la pandemia. A la luz de esta realidad los Centros para el Control de Enfermedades tomaron la determinación, dada su experiencia en salud pública, que la autoridad del Título 42 debería ser ejercida» (Samuels & Beitsch, 2021). En diciembre de 2022, al momento del anuncio oficial del levantamiento de la emergencia sanitaria, Mayorkas dijo que una vez que la autoridad del Título 42 ya no esté en vigor, el DHS aplicará el Título 8 y removerá a las personas que no cuenten con documentos de internación legal, lo que significa que no solo serán expulsados sino que estarán impedidos para ingresar de modo legal a Estados Unidos, por lo menos, durante cinco años... por «lo que con Título 42 o no», serán expulsados (DHS, diciembre 2022).

Queda la experiencia de que miles de migrantes fueron expulsados bajo la autoridad del Título 42 en la frontera sur estadounidense, y por Título 8 solo se procesaron 3217 solicitudes de asilo hasta finales de septiembre de 2021, de las cuales solo 272, el 8 %, lograron el estatus de asilado. De acuerdo con un memorándum interno de USICS, al que tuvo «acceso» CBS News (Montoya-Gálvez, 2021).

Desde marzo 2020 hasta agosto 2021, bajo la autoridad del Título 42, los oficiales de migración estadounidense (CBP), radicados en la frontera sur de ese país, expulsaron de modo expedito a 1 163 582 inmigrantes irregulares, ninguno de los cuales tuvo la oportunidad de ser procesado bajo la autoridad del Título 8 según lo muestran las cifras de la Oficina de Aduanas y Protección Fronteriza (CBP, Southwest Border Migration FY 2020; ver Gráfica 1).

De ellos, un número considerable corresponde a unidades familiares y a menores no acompañados, quienes deberán esperar fuera de Estados Unidos para continuar con su proceso de asilo. Entrevistas realizadas a inmigrantes en el campamento de El Chaparral en Tijuana, Baja California, varios dijeron haber sido expulsados a pesar de indicarle al oficial de inmigración su interés de asilarse en Estados Unidos, aun así, fueron expulsados por Título 42.

Gráfica 1. Expulsiones por Título 42 (FY2020 y FY 2021)

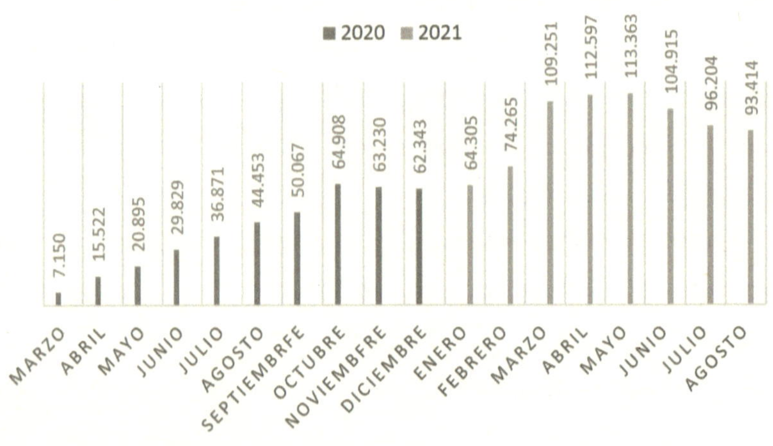

Fuente: *Custom and Border Protection* (USCBP, 2021)

La expulsión de estas familias en compañía de sus menores la justificaron las autoridades sobre la base del principio «preventivo de salud pública». Varias unidades familiares dijeron que fueron expulsadas, de inmediato, sin ser entrevistadas para atender sus solicitudes de asilo dañándoles de modo triple su integridad: una, derivada de la carga psicológica que los obligó al desplazamiento forzoso como consecuencia de la violencia, la persecución, desastres naturales derivados del cambio climático, etc.; otra, representada por la frustración y el trauma al enfrentar las adversidades de la travesía y tránsito por varios países donde padecieron múltiples encuentros con autoridades de procuración de justicia, y en ocasiones por bandas criminales que las extorsionaron, asaltaron o fueron objeto de abuso sexual y violación, sufriendo hambre, expuestos a las inclemencias del tiempo y a las enfermedades; y, por último, la permanencia en una espera incierta en un país y en lugar inhóspito, insalubre, irregular con el temor de que el gobierno de ese país los devuelva a su nación en la cual tienen un peligro inminente.

Estos migrantes han enfrentado desde su desplazamiento obstáculos frecuentes y una continua desinformación. Por una parte, fundaron su esperanza (justificada o no) que una vez llegando a territorio estadounidense serían aceptados y protegidos en virtud de las leyes de asilo y obtendrían un permiso de estancia y trabajo; pero no concibieron dentro de su perspectiva otra realidad, una que no habían imaginado: ser expulsados debido a una medida sanitaria. Esta situación los privó de la posibilidad de ser entrevistados por jueces de inmigración u oficiales del Servicio de Inmigración y Ciudadanía (USCIS) especializados en asilo. A la distancia de la problemática inicial que enfrentaron los migrantes internacionales solicitantes de asilo, emerge una situación que posible, dada la incertidumbre en las próximas elecciones en Estados Unidos, existe la posibilidad de que ahora se intensifique los intentos de ingreso a Estados Unidos. Saben que desde que inicio Biden hubo cambios en la política migratoria, más flexibilidad y menos Intolerancia.

La diferencia clave es que, la administración de Trump casi todos los migrantes que llegaron a la frontera entre Estados Unidos y México fueron expulsados, incluidos los menores. Mientras que los adultos solían ser removidos a México, los menores, con frecuencia, eran detenidos en albergues, hoteles o centros de detención y luego devueltos a sus países de origen. La política migratoria de Trump se concentró en la implementación de medidas más restrictivas y punitivas para los migrantes, incluyendo a los menores no acompañados. Durante su mandato, se separaron a miles de menores de sus padres y los menores se enviaron a centros de detención. Además, se implementó una política de «tolerancia cero» que criminalizó a priori la entrada irregular al país.

El gobierno de Biden, en cambio, no expulsó a menores no acompañados tampoco les aplicó la medida sanitaria del Título 42, tuvo una política más compasiva y humanitaria (ver Gráfica 2). El presidente Biden, a finales de enero, después de que un tribunal federal de apelaciones dictaminara que el gobierno federal podía utilizar el Título 42 para expulsar a los menores no acompañados, la Casa Blanca anunció que, a diferencia de la administración Trump, ya no aplicaría el Título 42 a los menores que cruzaran solos la frontera.[25] Los menores serían enviados a

25 Aunque la suspensión de la apelación de la Corte de Circuito de Washington permite al CDC ordena la expulsión inmediata de los menores no acompañados, el CDC ejerció su discreción para la excepción temporal de la expulsión a los migrantes menores no acompañados que ingresen a los Estados Unidos, según lo indica un posicionamiento publicado en el Registro Federal, a la espera del resultado de su próxima reevaluación de salud pública. Esta excepción «temporal» entró en vigor el sábado 30 de enero de 2021, y «permanecerá en vigor hasta que los *CDC* hayan completado su evaluación de salud pública y publique un aviso de modificación (CDC, 2021).

albergues y se implementaría un plan de reunificación familiar. Incluso trató de normar los procesos migratorios proponiendo una reforma migratoria integral que pretendía ofrecer el camino a la ciudadanía para los migrantes indocumentados que ya residían en el país. Siendo que esta propuesta desde hace tiempo genera álgidos debates partidistas.

Esta política pública en materia migratoria representó un cambio sustancial en cuanto a la protección y aplicación de la ley de inmigración en beneficio de los menores no acompañados y en concordancia con diversos instrumentos legales en materia de asilo y protección de los menores migrantes. En la Gráfica 2 se observa cómo las expulsiones de menores no acompañados descendieron de modo notable al exentarlos de la expulsión por Título 42.

Gráfica 2. Expulsiones por Título 42 de menores no acompañados (FY 2021)

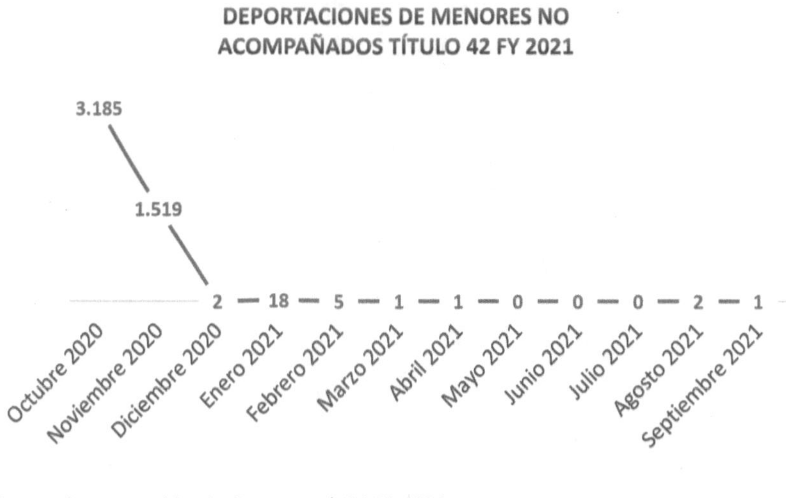

Fuente: *Custom and Border Protection* (USCBP, 2021)

El American Immigration Council, AIC (2021, Octubre 15), una organización, sin fines de lucro, que aboga por los intereses de los inmigrantes, en una hoja informativa (*A Guide to Title 42 Expulsions at the Border*) dijo que: a partir de un acuerdo con el gobierno mexicano a finales de marzo de 2020, la Patrulla Fronteriza envió a México a la mayoría de las familias y adultos solteros de nacionalidad mexicana, así como a guatemaltecos, hondureños y salvadoreños. De acuerdo con la información y las opiniones vertidas por este Centro de Pensamiento, desde finales de enero de 2021, el Estado mexicano de Tamaulipas prohibió a la oficina de CBP la expulsión de familias con niños menores de siete años.

En respuesta, «la oficina de CBP llevó a cabo traslados laterales en avión o autobús a otros lugares a lo largo de la frontera, como enviarlos a El Paso, Texas colindante con Ciudad Juárez, Chihuahua, donde las autoridades mexicanas permitieron a la oficina de CBP expulsar a las familias con niños pequeños». Aunque aseguran que las personas que iban a ser expulsadas en virtud del Título 42 y que informaron a los agentes de migración estadounidense que iban a solicitar asilo, el oficial pudo detener la expulsión. «Desde marzo de 2020 hasta septiembre de 2021, solo 3216 casos de asilo fueron revisados» antes de la expulsión, y «solo a 272 no se les aplicó el Título 42 permitiéndoles su solicitud de asilo» (AIC, 2021).

Por cierto, a los expulsados por Título 42 les tomaron algunos datos generales, pero no se sabe cuál será el destino de esta información y cómo se usará después de levantada la emergencia sanitaria (mayo 11 2023),[26] ¿tal información será antecedente

26 Basándose en las tendencias actuales de COVID-19, el Departamento de Salud y Servicios Humanos (HHS) está planeando que la Emergencia de Salud Pública (PHE) federal para COVID-19, declarada bajo la Sección 319 de la Ley de Servicios de Salud Pública (PHS), expire al final del día el 11 de mayo de 2023 (HHS, 2023).

de entrada ilegal? ¿Se usará en caso de reingresos no autorizados como reincidencia y por lo tanto sujetos a las sanciones punitivas del Título 8? Asimismo, que los expulsadas bajo el Título 42 desconocen cuándo y dónde tendrán la oportunidad de presentar de nuevo sus casos de asilo ante las autoridades de migración de Estados Unidos (AIC, 2021).

La información de la oficina de CBP sobre las expulsiones de unidades familiares por el Título 42, durante el año fiscal de 2021, oscila en cifras que van de los 4221 a los 17 599, se desconoce el número de menores de edad integrantes de unidades familiares. Es un hecho que el gobierno estadounidense no tiene la capacidad infraestructural o el personal para procesar a todas las familias que requieren asilo o que dicen «tener un temor fundamentado de persecución», o ser víctimas de violencia o beligerancia entre grupos armados, por lo que el Título 42 representó en su momento una alternativa de rechazo aunque coyuntural pero efectiva ante la presión que significó el flujo constante de inmigrantes, una situación sin precedentes[27] (ver Gráfica 3).

Habrá que constatar la capacidad real del DHS para el examen detallado de cada caso particular, en virtud de la autoridad del Título 8 del Código de los Estados Unidos, debido a las dificultades que presenta cada situación individual o familiar donde el solicitante con certeza demuestra que: por motivos de raza, religión, nacionalidad o la pertenencia a un determinado grupo social o por la emisión de opiniones políticas fue objeto de persecución (8 U.S. Code § 1158).

---

27 Nancy Gimena Huisha-Huisha vs. Alejandro Mayorkas (agosto 2, 2021). Declaration of David Shahoulian. Civ.A.No.21-100 (EGS) Disponible en: https://int.nyt.com/data/documenttools/shahoulian-declaration/1b52f4354fb0d655/full.pdf

¿El DHS y la administración federal cuenta con el presupuesto y el personal capacitado para examinar cada caso en virtud de la autoridad del Título 8 tomando en consideración el rezago en las solicitudes de asilo en cada año fiscal? Por lo expuesto, el Titulo 42 representó también una medida alterna para aligerar la carga de solicitantes de asilo y de alguna manera atender el rezago. La actual acumulación de solicitantes de asilo en Estados Unidos, según las últimas cifras, aunque el retraso sigue aumentado cada año; en el año fiscal 2020 se registraron unos 350 000 casos pendientes.

Gráfica 3. Expulsiones por Título 42 de unidades familiares (FY 2021)

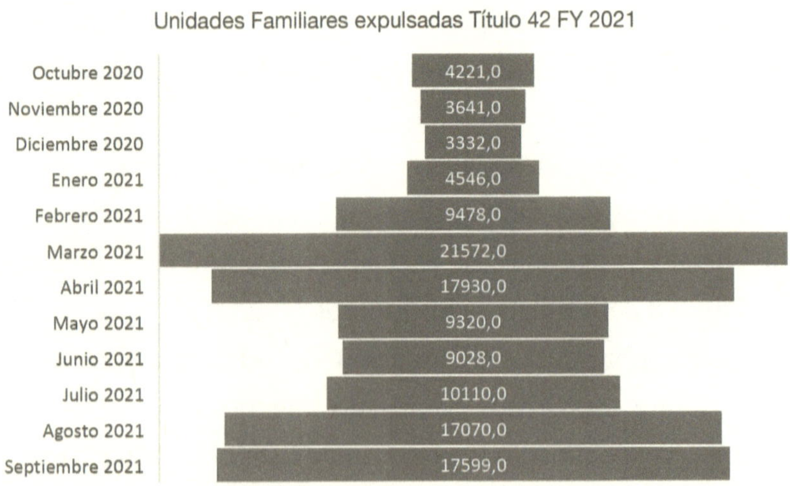

Fuente: *Custom and Border Protection* (USCBP, 2021)

La Oficina de Aduanas y Protección Fronteriza (CBP) registra —y publica con regularidad— datos generales que describen el número total de «encuentros migratorios en la frontera terrestre del suroeste». Estas cifras totales de detenciones se consideran a menudo como un indicador general de la tasa de inmigración no autorizada que intenta ingresar de manera irregular a Estados Unidos. Sin embargo, hay una serie de factores adicionales que podrían conducir al aumento de los «encuentros migratorios», pero hace falta una información más minuciosa que detalle los componentes de las expulsiones. Cuando se aborda la expulsión de las «unidades familiares» el CBP no contabiliza el número de menores integrantes de cada «unidad familiar» para conocer la magnitud de la problemática.

Las cifras de expulsiones bajo el concepto de «encuentros migratorios» (*migrant encounters*) pudieran significar también ingresos irregulares protagonizados varias veces por el mismo migrante o unidad familiar, por lo que las expulsiones no significan la existencia de un volumen único acumulado que, de manera errónea pudiera dar la idea de que ese monto corresponde a la población flotante de inmigrantes estacionados en las ciudades fronterizas del norte de México.

Los llamados «encuentros migratorios» al ser un acumulado de expulsiones por Título 42 o por Título 8 u otros procedimientos administrativos facilita a la oficina de CBP el conocimiento de la magnitud del volumen de inmigrantes irregulares, pero para el analista tales expulsiones no permiten el conocimiento preciso de cuántos se corresponden con repatriaciones o expulsiones a la zona fronteriza de México, así como también, saber cuántos de ellos están inhabilitados para ingresar a Estados Unidos (Título 8, secciones 1325 y 1326), cuántos han sido ya repatriados a sus países de origen y cuántos pueden continuar con su proceso de asilo desde el exterior.

La información suministrada por CBP el 5 de octubre de 2021 bajo la denominación de «encuentros migratorios» señala que 1.66 millones de expulsados en ese año (FY 2021), representa el número más alto de ingresos irregulares desde el año 2000. Lo interesante, a diferencia de hace 21 años, es que estos flujos migratorios irregulares no pueden ser contrastados con cifras históricas porque el Título 42 no se aplicaba en las expulsiones anteriores, además la migración actual tiene una composición más diversa en nacionalidades, géneros y edades (Bolter, 2021).

Si se toma como referencia la información revelada por el ex jefe de la Patrulla Fronteriza estadounidense, Rodney Scott, en cuanto a que, de los 1.66 millones de «encuentros migratorios», unos 400 000 lograron ingresar como indocumentados a Estados Unidos (Giaritelli, 2021), entonces, es probable que exista una población flotante en la frontera norte de México de alrededor de un millón doscientos mil migrantes, entre adultos solteros, unidades familiares y menores no acompañados los cuales pudiesen reingresar (ver Gráfica 4). Lo cual da una idea de la dimensión de la problemática y del impacto que eso significa para el bienestar de los menores integrantes de las unidades familiares y de los menores no acompañados que fueron expulsados bajo la autoridad del Título 42.

Como se observa en la Gráfica 4 el número de menores no acompañados expulsados en virtud del Título 42 se desplomó desde diciembre de 2020 y a partir de una decisión de la administración del presidente Biden, a finales de enero de 2021, ningún migrante menor no acompañado fue expulsado. Por lo que se refiere a las expulsiones de la oficina de CBP bajo la autoridad del Título 42, la mayor proporción corresponde a los adultos solteros (ver Gráfica 4).

Gráfica 4. Clasificación de expulsiones por Título 42 (FY 2020 y FY2021)

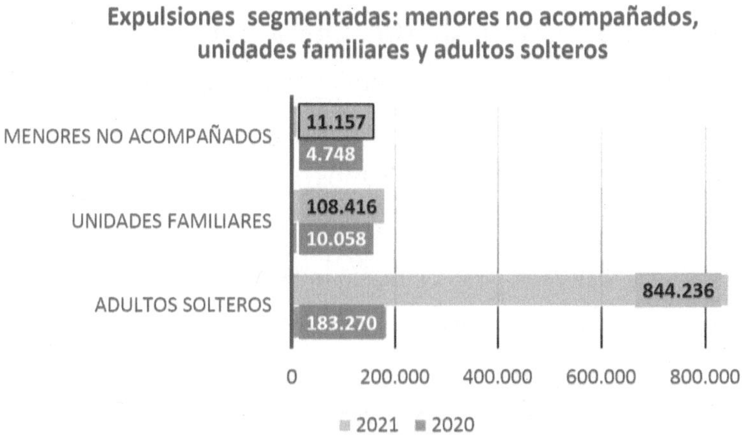

Fuente: *Custom and Border Protection* (USCBP, 2021)

Las cifras de la Gráfica 4 permiten comprender la magnitud de la problemática propiciada por la aplicación del Título 42, en el año fiscal de 2021. Durante ese período fueron expulsados de forma expedita un total de 119 573 personas comprendidas entre unidades familiares y menores no acompañados, de los cuales 108 416 corresponden a unidades familiares y 11 157 a menores no acompañados, una cifra muy superior a la comprendida en el año fiscal 2020 que en ese rubro fueron expulsados en total 14 806 migrantes: 10 058 unidades familiares y 4748 menores no acompañados (USCBP, 2021).

Es preciso acotar que la contabilidad de las expulsiones por Título 42 durante el año fiscal 2020 fueron inferiores debido a que esta medida sanitaria inicia su aplicación el 20 de marzo de 2020. En cambio, las cifras del año fiscal 2021 son a partir de octubre de 2020 a septiembre de 2021, lo cual cubre dos administraciones: Donald Trump y Joe Biden, este último detuvo las expulsiones por Título 42 de menores no acompañados desde finales de enero de 2021.

De las narrativas recogidas durante la visita de 17 de marzo de 2021 en los asentamientos irregulares de migrantes en las inmediaciones del cruce peatonal de El Chaparral en Tijuana, Baja California, una madre soltera (35 años) con dos niñas una de 10 y otra de 12 años, dijo que la situación de la travesía había sido «muy difícil». Trató de ingresar por la aduana, pero ni siquiera las autoridades de migración estadounidense la «quisieron escuchar» cuando lo intentó «la bloquearon para que no pasara», no le quedó más remedio que permanecer en la frontera. Dijo, durante la entrevista, que lleva tres meses esperando a que la llamen, «algunas personas» le han ayudado a llenar «unos papeles» pero aún no recibe una respuesta de la autoridad de migración. Dijo que permanecería el tiempo que fuera necesario ya que en El Salvador «no tiene a nadie» pues su esposo fue víctima mortal de una pandilla que opera en el «Departamento de San Miguel», su hermana que vive en Washington, DC., le ha aconsejado que a través de un «pollero» introduzca a sus hijas a Estados Unidos «ya que a los menores no los deportan».

Aunque dijo que tiene mucho temor ya que una de sus hijas de 10 años se «puso muy mal del estómago», tuvo que pedir ayuda a una enfermera que «le recomendaron» que le dio medicamentos, pero como su casa de campaña está a la intemperie, la menor tuvo «fiebre, escalofrío», ahí se mantuvo «sin ir a un hospital a recibir atención médica» adecuada porque «corría el peligro de que le robaran sus pertenencias» o perdiera su lugar.

Este tipo de narrativas fueron frecuentes, algunas familias cuyo ingreso fue irregular, sufrieron detenciones por agentes de la oficina de CBP, y de inmediato fueron expulsadas a México bajo la autoridad del Título 42; afectando con severidad su bienestar. Muchos decidieron permanecer en los asentamientos irregulares en lugar de acudir a los albergues habilitados para hospedarlos, porque consideraron que en cualquier momento podían haber tenido «una oportunidad de ingresar por la garita» o les podían haber llamado. La desesperación los obligó en ese momento a configurar un deseo de bienestar poco factible. Dijeron en la entrevista: «aquí nos vamos a quedar el tiempo que sea necesario».

Fueron cientos de familias, adultos solteros, niños, y adolescentes que deambulaban entre basura, charcos de vendimias de comida insalubres, tendederos de ropa colgando, etc. Un panorama que enfatiza la agonía y la carencia de los menores migrantes en tiempos de pandemia, sobre todo, su alta exposición a verdaderos peligros, no solo propensos a enfermedades o desnutrición, sino a abusos sexuales, a extorsión, a secuestro o al consumo de drogas ilícitas.

Estas circunstancias contextuales recalcaron el grado de desesperación en que se encontraban padres de menores y adolescentes no acompañados varados, en aquel entonces en El Chaparral, se dialogó con 5 familias a las cuales le preguntaron si consideraban la posibilidad de enviar a sus hijos, solos, con alguna persona que los ayudaran a pasar a Estados Unidos. Cuatro de las 5 familias interrogadas dijeron que esperarían a entrar todos juntos ya sea «intentándolo por algún lugar o por la aduana con permiso» pero estaban decididos a no regresar a sus países. Sin embargo, se hizo la misma pregunta a algunos adolescentes, pocos contestaron, algunos se retiraron de inmediato, pero los que contestaron dijeron que entrarían a Estados Unidos «a como diera lugar». ¿Incluso con el riesgo de ser detenidos? La respuesta fue afirmativa.

Es un hecho que los menores, en especial, los migrantes adolescentes, tanto los que se encuentran con sus familias como los no acompañados (la mayor parte centroamericanos y mexicanos), intentarán su ingreso irregular aun cuando sean detenidos por agentes de CBP.

Este fenómeno se observa a través de las cifras constantes de detenciones de menores no acompañados, que quizá en algún momento llegaron a la frontera de México y Estados Unidos en compañía de su familia, pero que quedaron bajo el resguardo temporal del Departamento de Salud y Servicios Humanos (HHS), tal y como lo evidencian las cifras (Gráfica 5).

En la gráfica siguiente se observa cómo los ingresos irregulares a Estados Unidos de los menores migrantes no acompañados son constantes, pero en menor escala. En las sumas de los «liberados» (*discharged*) por el HHS y el cúmulo de los albergados disminuyó, aunque se mantuvo un nivel medio constante (*average data*), pero en la relación entre ingresos y egresos, los menores no acompañados que permanecieron bajo custodia del HHS fueron cada vez menos. Se observa que, a finales de abril de 2021, el número de menores en albergues del HHS llegó a su nivel máximo de 22 557 pero ya para el 26 de octubre de 2021, disminuyó a 10 974 (ver Gráfica 6).

Según los lineamientos de la Oficina de Reubicación de Refugiados (ORR, por sus siglas en inglés) del HHS los procedimientos que deben seguir las autoridades en caso de detención de un migrante menor no acompañado son: en primer lugar, tenerlo un mínimo de tiempo en cautiverio, luego iniciar su proceso de liberación «de manera segura, eficiente y oportuna», y al final entregarlo a un tutor o pariente para que continúe su proceso de asilo en libertad. Las políticas de la Oficina de Reasentamiento de Refugiados (ORR, por sus siglas en inglés) exigen la entrega de los migrantes menores no acompañados a los padres, tutores», parientes o personas designadas por los padres del niño, denominados «patrocinadores».

La liberación segura y oportuna (también conocida como «reunificación familiar») promoverá la seguridad pública y garantizará que los patrocinadores proporcionen bienestar físico y mental a estos menores (HHS, Children Entering the United States Unaccompanied: Section 2, 2015).

El supuesto de que los patrocinadores «tengan capacidad de proporcionar el bienestar físico y mental a los menores» se basa en una hipótesis de la propia administración del HHS, pero resulta difícil la corroboración, si en realidad sucede. Los menores entregados a sus familias por el HHS, se hace la verificación de los tutores, cuáles son las condiciones físicas y emocionales al momento de la reunificación. Sería interesante realizar estudios posteriores para el conocimiento del grado de bienestar antes y después de la reunificación familiar.

Lo que, si representa un giro en la política de reunificación familiar de los menores no acompañados entre las administraciones de Donald Trump y de Joe Biden, es que, a partir de la administración del presidente demócrata, el Departamento de Salud y Servicios Humanos (HHS), ya no registró los datos de las familias que solicitan la custodia del menor. Situación que con anterioridad conllevaba una posible deportación de los padres o de los tutores que acudían a recibir a sus hijos.

Las autoridades estadounidenses partían del supuesto de que los padres habían cruzado sin regulación alguna a Estados Unidos y como táctica habían enviado antes a sus hijos solos con el fin de reencontrarlos luego. La práctica de entrega de los menores sin un cuestionamiento o indagación a los tutores sobre su situación migratoria aceleró los procesos de reunificación familiar. La medida del gobierno de Biden posibilitaría que parientes o tutores —familiares cercanos, por lo general— salgan de las sombras y se hagan cargo de los menores sin el temor de la detención y eventual deportación.

Gráfica 5. Menores bajo custodia del HHS y bajo tutela

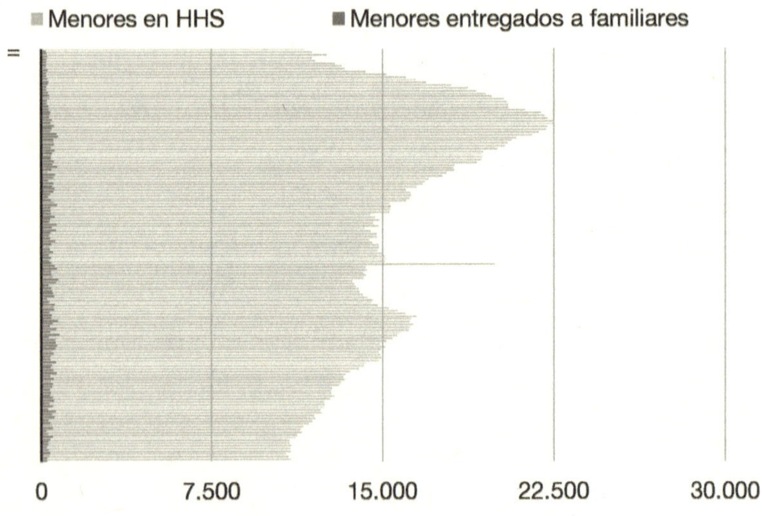

Fuente: Departamento de Salud y Servicios Humanos (HHS, Unaccompanied Children Program, 2021)

En la Gráfica 5, las barras correspondientes a menores entregados a tutores, parientes o patrocinadores parecen no ser significativas en cuanto a su magnitud, pero ya en las sumas el número incide de manera importante en la disminución de la cantidad de menores bajo custodia del HHS. Según diversas fuentes un menor permanece bajo custodia del HHS entre 5 y 35 días, aunque hay casos en los que ese tiempo es rebasado debido a la complejidad que representa cada circunstancia de reunificación familiar.

El 15 de septiembre de 2021, había unos 13 179 menores no acompañados bajo custodia del HHS, lo que significó una reducción significativa del tiempo de albergue del menor si se le compara con los tiempos de cautiverio de finales de julio de 2021, cuando la duración media era de 35 días (ACF Press Office, 2021). Es fundamental que el ORR reduzca aún más el tiempo de duración en la que los menores permanecen bajo custodia del HHS debido a que mayor tiempo de cautiverio, mayor es la afectación en su bienestar físico y mental (ACF Press Office, 2021).

Gráfica 6. Menores en custodia del HHS

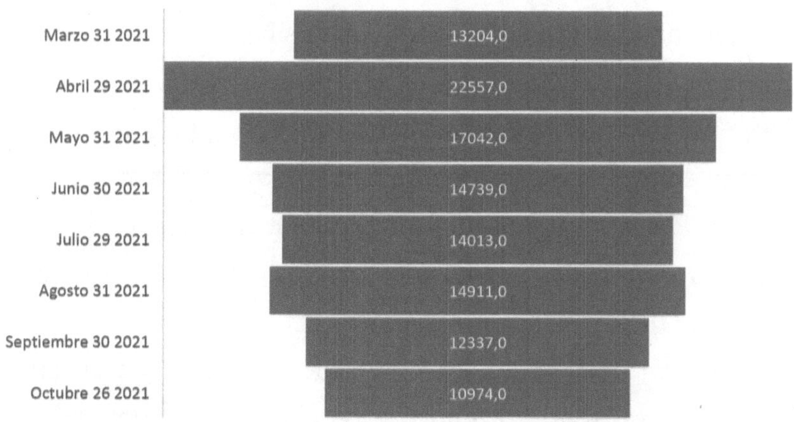

Fuente: Departamento de Salud y Servicios Humanos (HHS, Unaccompanied Children Program, 2021)

Estos menores migrantes que ingresan, sin sus familias a Estados Unidos, son parte de una estrategia de los padres expulsados bajo la autoridad del Título 42, que no desean, según manifiestan, «que sus hijos continúen en las condiciones de inseguridad y peligro en que se encuentran mientras permanecen en las ciudades fronterizas del norte de México».

Durante la visita al asentamiento irregular de El Chaparral en Tijuana, se constató que las familias expulsadas de Estados Unidos piensan , en serio, el envío de sus hijos mayores (adolescentes «para que crucen al otro lado» según la narrativa de un padre de nacionalidad hondureña. Una nota periodística de BBC refiere el testimonio de una migrante hondureña de nombre Fernanda, de 27 años, que desde octubre de 2020 acampaba en la calle, a la intemperie, en la ciudad de Matamoros, Tamaulipas, «uno de los estados más peligrosos del país, bajo el programa Quédate en México (Protocolo de Protección a Migrantes; MPP, por sus siglas en inglés)». Según su versión, en esta ciudad «se sufren secuestros, extorsiones, abusos y vejaciones» Fernanda dijo que mandar a su «hijo solo a Estados Unidos, fue la decisión más difícil de su vida». Fue una «opción desesperada porque como madre ya no estaba dispuesta a que siguiera durmiendo en el suelo. Aquí pasaba hambre y frío» (Rojas, 2020).

Una decisión difícil que toman los migrantes al «enviar a sus hijos menores solos a Estados Unidos», porque saben que el protocolo de DHS dicta que un menor no acompañado (que no sea mexicano) no podrá ser expulsado a México por las autoridades migratorias: por «norma lo deben entregar al HHS».[28]

---

28 La mayoría de los menores migrantes no acompañados detenidos por CBP son enviados al Departamento de Salud y Servicios Humanos (HHS) para que permanezcan bajo su custodia y cuidado. Según los ordenamientos las agencias del DHS debe remitir a estos menores al HHS en un plazo de 72 horas, salvo que se den circunstancias excepcionales. El Programa de Menores No Acompañados lo administra la Oficina de Reasentamiento de Refugiados (ORR) de la Administración para Menores y Familias (ACF, por sus siglas en inglés) la cual es responsable de las instalaciones que proporcionan atención a los menores

En marzo de 2021, cuando se entrevistó a algunos migrantes, éstos indicaron que las condiciones actuales en El Chaparral, los «están obligando a enviar a sus hijos menores solos a Estados Unidos» considerando que después podrán «reencontrarse con ellos».

En este sentido, las expulsiones de menores integrantes de unidades familiares y la restricción (o reclusión) de menores no acompañados, bajo la autoridad del Título 42, tuvo efectos directos en su bienestar en dos sentidos: en primer lugar, la expulsión inmediata a zonas fronterizas del norte de México los obligó a vivir en situación de calle enfrentando las inclemencias del tiempo (frío y lluvia) y bajo condiciones de inseguridad (debido a la alimentación deficiente, a los abusos, la violencia y las extorsiones); y, en segundo lugar, en caso de haber sido recluidos en un centro del HHS, pudieron haber permanecido varios días hacinados, en la incertidumbre, sujetos a condiciones materiales inadecuadas para su habitad ya que esos sitios no están habilitados para albergar menores y no disponían de servicios de atención especializada para cuidar de su salud física y mental.

En la Gráfica 7 se observa que, entre el 31 de marzo y el 26 de octubre de 2021, fueron entregados a la custodia de tutores, familiares o patrocinadores 3243 menores, lo que significa que hasta el 26 de octubre de 2021 había bajo custodia de HHS unos 10 974 menores migrantes no acompañados (Gráfica 6). No hay cifras exactas de cuántos de ellos tenían más de 25 días en promedio de vivir en los albergues del HHS y con la incertidumbre de ignorar cuánto tiempo más permanecerían alejados de sus familiares, lo que afectó con severidad su salud mental.

---

no acompañados, hasta que las familias, tutores o patrocinadores adecuados asuman la custodia (Office of Inspector General, 2021).

Gráfica 7. Menores entregados por HHS a tutores o patrocinadores

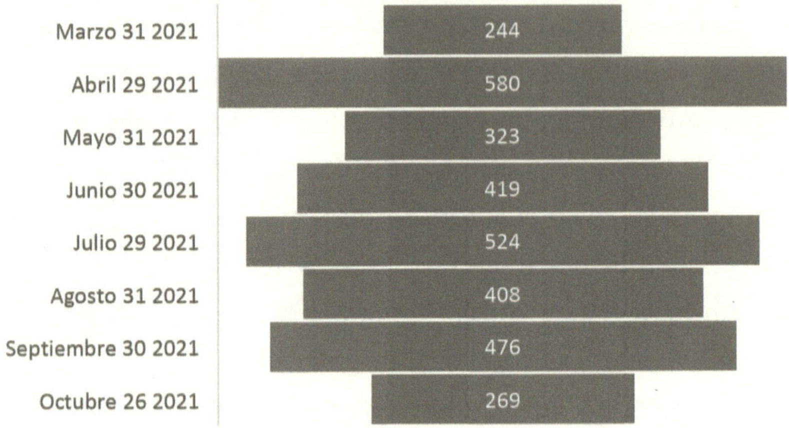

Fuente: Departamento de Salud y Servicios Humanos (HHS, Unaccompanied Children Program, 2021)

Desde que se aplicó la medida sanitaria del Título 42 a los inmigrantes menores no acompañados, varios fueron expulsados *ipso facto* a México, la Oficina del Inspector General (OIG, por sus siglas en inglés) del HHS denunció esta medida como una acción contraria a la normatividad vigente, pues de acuerdo con su informe, desde el 1 de marzo del 2003, la Ley de Seguridad Nacional del año 2002, sección 462, transfirió las responsabilidades del cuidado y albergue de los menores no acompañados (MNA) del Servicios de Inmigración y Naturalización al Director de la Oficina de Reubicación de Refugiados (ORR).

De acuerdo con la orden de los CDC, el Departamento de Seguridad Interior incumplió con la ley de 2002 y redujo de forma significativa el número de menores remitidos al Programa de Menores No Acompañados del HHS, en su lugar el DHS expulsó de inmediato a los menores o los detuvo en hoteles hasta que fueran repatriados» (OIG, 2021).

En marzo de 2021, la detención de migrantes menores no acompañados llegó a más de 19 000; esta cifra récord se reflejó en el número de menores en custodia del HHS a un máximo de 22 557 en abril de ese año (ver Gráfica 6). La gran mayoría de ellos había experimentado la expulsión expedita bajo la autoridad del Título 42, conforme lo relata Hermelindo Ak, un agricultor guatemalteco que fue expulsado a México desde el Valle del Río Bravo en Texas con su hijo de 17 años. A finales de marzo de 2021, Ak «decidió enviar a su hijo solo en un segundo intento después de enterarse de que los niños no acompañados podían permanecer en Estados Unidos. Ak, de 40 años, dijo que regresaría con su familia a Guatemala para vender su casa y pagar a los polleros». Según su plan «su hijo vivirá con unos parientes en Estados Unidos, con la seguridad de que su situación en ese país será mucho mejor que la prevaleciente en Guatemala» (Spagat & Jaffe, 2021).

La Oficina del Inspector General, en un reporte, solicita la coordinación efectiva entre los CDC y la Oficina de Reubicación de Refugiados (ORR) para garantizar que el HHS «cumpla con sus responsabilidades hacia los menores vulnerables» (OIG, 2021). La OIG manifestó en su momento que evaluaría las «acciones de los CDC en cuanto a sus responsabilidades hacia los menores no acompañados detenidos en virtud de la orden de salud pública y la medida en que los CDC debieron consultar con la ORR las cuestiones relativas al bienestar de los menores» (OIG, 2021).

El aumento de los ingresos irregulares a Estados Unidos de menores no acompañados en la primavera de 2021 dio lugar a un incremento en el número de menores remitidos a los centros operados por la Oficina de Reubicación de Refugiados (ORR).

Para hospedarlos, la ORR estableció «Sitios de Admisión de Emergencia»[29] (EIS, por sus siglas en inglés), administrados por proveedores privados que no contaban con licencias adecuadas, ni experiencia en el cuidado masivo de menores, ni sus instalaciones eran apropiadas para el hospedaje temporal de menores, según lo indica el informe de la Oficina del Inspector General (OIG, 2021).

Esta situación obligó a la ORR a la estructuración de instalaciones «adecuadas» para el albergue temporal de menores. El 30 de marzo de 2021, inició operaciones dicho albergue de atención masiva de menores en Fort Bliss, en El Paso, Texas, con capacidad para el hospedaje masivo de hasta 10 000 menores. La Oficina del Inspector General encontró que las instalaciones de Fort Bliss eran inadecuadas para el alojamiento de menores impactando su integridad física y mental: «en los meses transcurridos desde la apertura del EIS de Fort Bliss, varias personas manifestaron que la operatividad, en general, de este albergue era deficiente e incidía, de manera negativa en la seguridad y el bienestar de los menores» (OIG, 2021).

En un documento de 10 cuartillas, el Proyecto de Responsabilidad Gubernamental reveló los abusos contra menores y la mala administración del Sitio de Admisión de Emergencia de Fort Bliss (EIS) detallando los daños causados en el bienestar de las poblaciones de menores migrantes por parte de los contratistas privados de ORR (GAP, 2021).

Los denunciantes Arthur Pearlstein y Lauren Reinhold, funcionarios federales de carrera, describieron en sus informes que, desde abril hasta junio de 2021, observaron múltiples irregularidades en

29 *Emergency Intake Shelters (Sites).*

el EIS de Fort Bliss, donde los migrantes fueron objeto de «abusos y acoso sexual; y las instalaciones, carecían del equipamiento necesario y no contaban con personal especializado y con experiencia en la atención de menores» (GAP, 2021). Arthur Pearlstein, director del Servicio Federal de Mediación y Conciliación, dijo haber entrevistado a docenas de menores (migrantes no acompañados) que «presentaban síntomas de depresión, huellas de auto flagelo o de haberse infligido lesiones graves que ponían en riesgo su salud» (GAP, 2021).

Pearlstein y Reinhold señalaron que el hacinamiento en las tiendas de campaña provocó «acumulación de materiales de desecho (vendas, curitas, cubre bocas, etc.), ropa sucia y escasez de ropa interior para los menores migrantes». Otro grave problema fue la falta de mecanismos de prevención para evitar la propagación del virus: «los contagios de COVID-19 eran frecuentes entre los menores y algunos empleados». Debido a esta situación no pocos menores fueron, con severidad, afectados: «ya que muchos contrajeron COVID-19 debido a las condiciones de este centro donde se encontraban hacinados sin contar con mascarillas N-95 consideradas como las más idóneas para prevenir contagios en situaciones de confinamiento» (GAP, 2021).

Otros elementos adicionales que alteraron la estabilidad emocional y la salud mental de los menores en el EIS de Fort Bliss fueron las falsas expectativas y el engaño, pues fueron comunes ciertas prácticas y actitudes que pueden interpretarse como actos intencionales para mantenerlos a la expectativa, no se sabe la razón de tal conducta, pero esta rutina típica provocó entre los menores migrantes una pérdida de la esperanza de que pronto podrían ser entregados a sus familiares o a un patrocinador de casa hogar (*Foster Parent*).

Según Pearlstein, el 7 de julio se dio un «incidente terrible cuando 48 menores, a los cuales comunicaron que regresarían a sus casas, fueron subidos en autobuses, los trasladaron por varias calles y luego retornaron a sus tiendas en Fort Bliss». Según informa Pearlstein este no fue un incidente aislado, «en múltiples ocasiones, a grupos de menores, se les dijo que regresarían a casa: siendo conducidos hasta el aeropuerto para tomar un vuelo, de pronto, les informaron que era un error y fueron regresados a Fort Bliss». De hecho, «al menos en dos ocasiones, los menores que ya habían subido al avión fueron obligados a bajar, pero conmocionados y angustiados fueron devueltos a Fort Bliss» (GAP, 2021).

En síntesis, la aplicación de la autoridad del Título 42 afectó la integridad física y emocional de los menores migrantes no acompañados. Otros, no con mejor suerte, fueron expulsados de inmediato con sus padres para vivir en situación de calle. En ambos casos, las experiencias de las poblaciones de menores migrantes y las de sus familias fueron las más perjudiciales.

Como resultado de las críticas mediáticas y la atención puesta a estos albergues, las autoridades gubernamentales tomaron acciones para regular el confinamiento de menores. Situación que pronto se propagó como nueva información de que los migrantes menores no acompañados estarían poco tiempo bajo custodia de instalaciones de HHS. En poco tiempo se incrementó el número de menores no acompañados que ingresaron a Estados Unidos de forma irregular entregándose a las autoridades migratorios con la esperanza de que una vez bajo custodia del HHS serían detenidos unos días y reunificados con sus padres.

Asimismo, las unidades familiares expulsadas bajo el Título 42 con hijos menores optaron por la contratación de contrabandistas de personas para enviarlos a Estados Unidos con la idea de que serían reunificados con algún familiar o pronto irían a su reencuentro.

Gráfica 8. Afectación del Título 42 en las poblaciones de menores migrantes

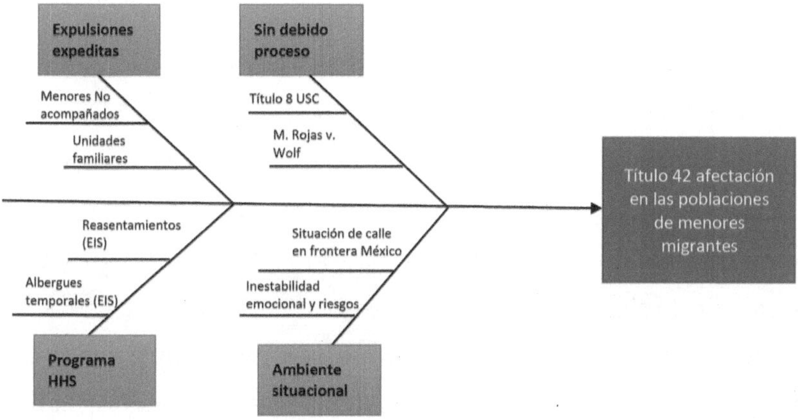

Fuente: Autoría y diseño propio

La descripción esquemática de la Gráfica 8 de «hueso de pescado», causa-efecto, muestra los conceptos, resoluciones, normas y acuerdos que resultan de la aplicación del Título 42 en las poblaciones de menores migrantes. La gráfica presenta cuatro bloques: expulsiones expeditas, sin debido proceso, programas HHS y ambiente situacional, que en su conjunto representan esquemas de afectación en el bienestar de las poblaciones de menores migrantes.

El significado «sin debido proceso» tipificado en el Título 8 representa una omisión de la autoridad como consecuencia de la aplicación del Título 42, en particular a menores migrantes quienes no tienen la posibilidad de que su caso lo considere un juez de migración conforme al acuerdo de conciliación del caso Méndez Rojas et al. V. Wolf et al., 2:16-cv-01024-RSM (Martínez, 2020), es decir la obligatoriedad del Servicio de Inmigración y Ciudadanía (USCIS) y la Oficina Ejecutiva de Revisión de Inmigración (EOIR) de implementar un Mecanismo de Procedimiento Uniforme (UPM) para la presentación y tramitación del Formulario I-589 de Solicitud de Asilo y la Retención de la Expulsión.

Un acuerdo que evitaría que todos los menores no acompañados o integrantes de unidades familiares fueran expulsados o repatriados (excepción hecha solo a aquellos menores migrantes de nacionalidad mexicana; Immigration Service, 2021). Algunos menores migrantes de nacionalidad mexicana que ingresan de modo irregular a Estados Unidos son expulsados a México y otros son recluidos de forma temporal y luego repatriados con el apoyo de las autoridades competentes para formalizar la reunificación familiar.

El fenómeno migratorio y las políticas públicas

En un interesante trabajo realizado por la Escuela de Políticas Públicas de la Universidad de Maryland varios autores realizan un estudio pormenorizado sobre «un mundo en movimiento» en el cual sobresale el concepto sociológico de agencia (abordado ya en esta investigación), como el deseo de las personas de mudarse de su país de origen hacia otro de su predilección, con datos y cifras muestran que la tendencia a emigrar tiende a incrementarse (Besharov & López, 2016). Según cifras del Banco Mundial de 2011, más de 215 millones de personas se han trasladado desde su país de origen a otro de destino. Sobresale un punto interesante, para la ponderación de los flujos migratorios, 700 millones de adultos han manifestado su deseo de emigrar, si lo pudieran hacer, de acuerdo con datos de la encuestadora Gallup (Besharov & López, 2016).

Según cifras de la Organización Internacional para las Migraciones (OIM) el número estimado de migrantes internacionales se ha incrementado de forma acelerada al pasar de 128 millones en 1990 a 281 millones en 2020 (66 millones más que en 2011), es decir, 1 de cada 30 habitantes de la población mundial reside en un país diferente al suyo. El dinamismo del crecimiento de la migración internacional continuará sin lugar a dudas, debido a conflictos armados entre naciones, violencia entre facciones antagónicas y golpes de Estados, crimen organizado, desastres naturales, persecución por razones políticas, raciales o religiosas, por brechas económicas entre naciones, por desigualdad y pobreza al interior de los países, tráfico internacional de personas, cadenas de interconexión social (*social networking*), etc. La OIM presenta en su página de Internet un mapa interactivo que muestra el aumento de los movimientos internacionales de personas desde 1990 a 2020, el cual esquematiza que en 1990 un total de 152.97 millones vivían en un país diferente al de su lugar de nacimiento el acumulado llegó en 2020 a 280.58 millones de personas, el equivalente al 3.6 % de la población mundial (OIM, 2022).

Estos acumulados en la migración internacional permiten predecir que el dinamismo de los flujos de personas a nivel global no se detendrá en el corto, mediano o largo plazo, de ahí que surjan con regularidad acciones restrictivas a la migración, en esencia, desde los países de destino. Asimismo, las cadenas sociales migratorias (*social networking*) las rutas de tránsito donde se establecen puntos de encuentro (comercios, albergues, ONG promigrantes, guías o traficantes de personas) y paradas estratégicas en instituciones gubernamentales donde obtengan algún documento o salvoconducto que facilite su desplazamiento y la libre movilidad hasta el lugar de destino; serán objeto de acciones regulatorias.

Gráfica 9. Migraciones acumuladas por región de destino

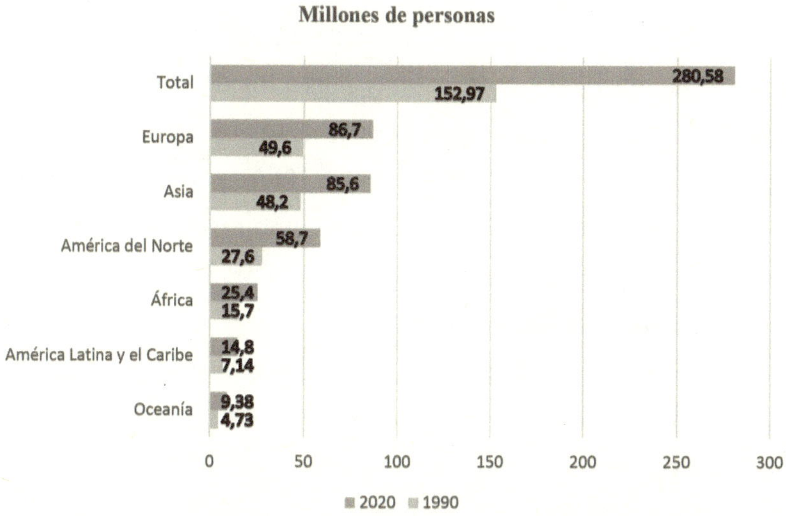

Fuente: Organización Internacional para las Migraciones (OIM, 2022)

México no solo es un país de tránsito sino también, a lo largo de la historia, un expulsor de personas a Estados Unidos, tendencia que ha bajado como consecuencia de las transformaciones económicas y demográficas. Sin embargo, hay en Estados Unidos alrededor de cinco millones de mexicanos —como indocumentados— que contribuyen a la economía y pagan impuestos. Estados Unidos cuyo sistema de pensiones no ha colapsado, aunque la crisis presupuestal en las pensiones se pronostica para 2033, se sostiene, en parte, por las aportaciones de la fuerza de trabajo migrante indocumentada.

Sobre este fenómeno migratorio mexicano y para reconocer el tamaño de la problemática en 2016, un centro de pensamiento hizo una encuesta en donde preguntó a migrantes potenciales que indicaran cuál era la razón que los impulsaba a emigrar, de acuerdo con el Centro de Investigaciones Pew, el 50 % de los mexicanos manifestó que por razones de trabajo, un 75 % lo relacionó con la situación de la violencia generada por los carteles de la droga, un 74 % por las violaciones a los derechos humanos perpetrados por los militares y la policía, un 73 % por la criminalidad, un 69 % por la corrupción de los líderes políticos, un 68 % por problemas económicos y un porcentaje semejante por las drogas ilícitas, un 62 % por el terrorismo y un 58 % por la contaminación (Besharov & López, 2016).

Los promedios y las consideraciones que manifestaron los mexicanos para emigrar coinciden con las narrativas de otros migrantes internacionales, por supuesto, tomando en consideración diferencias y magnitudes dependiendo del país y la región. Debido a lo cual, el problema de la migración internacional ha tomado importancia diplomática y política. Lo que conlleva a una multitud de investigaciones y procesos de toma de decisiones. En Estados Unidos la opinión pública sobre la migración ha estado sujeta a vaivenes, en algunos momentos, ha sido positiva y en otros negativa (Besharov & López, 2016).

En una investigación Pressman y Wildavsky indican que en años recientes se ha puesto mayor énfasis en las fases de implementación y evaluación de los procesos de las políticas públicas en materia migratoria debido a que ideas atractivas encuentran dificultades al momento de ponerse en práctica. Por lo tanto, el valor de una política pública no se mide en términos de su atractivo político sino de su factibilidad para su implementación (Pressman & Wildavsky, 1984). En este sentido tanto la implementación como la evaluación son componentes complementarios: se evalúa para conocer y se conoce para implementar (Pressman & Wildavsky, 1984).

En el tema migratorio, con precisión, es donde se han implementado políticas públicas diversas sin que los resultados hayan sido los proyectados. Por ejemplo, la Ley de Reforma y Control de la Inmigración de 1986 (IRCA, por sus siglas en inglés) abordó de forma integral el problema de la inmigración irregular pero no logró contenerla. Dentro del proyecto de ley se consideraba la formulación de una política migratoria integral que incluyera sanciones contra empleadores que contrataran a inmigrantes indocumentados, un esquema de seguridad y control de flujos de migrantes irregulares en la frontera y un amplio programa de legalización. Lo cual parecía dar respuesta a la inquietud de los tomadores de decisiones del momento que pretendían controlar los flujos migratorios irregulares (Cooper & O´Neil, 2005).

La IRCA fue el resultado de una serie de compromisos políticos y ajustes al sistema de inmigración fortaleciendo los procedimientos para la aplicación de la ley de inmigración y, de manera sincronizada la legalización de a un gran número de migrantes indocumentados. Desde la perspectiva de una política pública integral en el tema migratorio, el diseño y contenido de IRCA resolvería los problemas principales derivados de la inmigración irregular, sancionaría a los empleadores de indocumentados, reforzaría la frontera sur para disuadir los cruces de indocumentados y legalizaría a los migrantes irregulares incluyendo un programa de beneficios a los trabajadores del campo (Pierce & Bolter, 2020).

La IRCA no contuvo el constante flujo de inmigrantes irregulares, aunque sí cambió de una manera significativa las perspectivas de aquellos que se legalizaron bajo cualquiera de los dos programas: «el tiempo»[30] o haber trabajado en la

30 IRCA 245(b)(1)(B) Ver Institute, 2021.

agricultura.[31] Algunos teóricos indican que se fortalecieron las redes sociales producto de la legalización, miles formaron hogares e iniciaron solicitudes de reunificación familiar, exacerbaron la atracción de nuevos inmigrantes y resquebrajaron la circularidad de la migración irregular. La IRCA no terminó con la inmigración irregular, la cual continuo siendo una problemática vigente, porque los incentivos para la inmigración se incrementaron con la reunificación familiar y las casusas «siguen siendo las mismas» inequidad, desastres naturales y violencia (Pierce & Bolter, 2020).

Las lecciones de la Ley de Reforma y Control de la Inmigración de 1986 evidencian que la aplicación de políticas públicas, incluso en circunstancias óptimas, son —en extremo— difíciles, es decir, cada etapa del proceso de aplicación pudiera considerarse como una secuencia sencilla de acontecimientos de una cadena compleja de interacciones recíprocas. La legalización indujo a mayores solicitudes de ciudanía con fines de reunificación familiar y la legalización de los trabajadores del campo permitió a muchos de ellos dejar la agricultura para dedicarse a otro tipo de oficios más remunerados y urbanos.

La lección que da este ejemplo sobre la reforma de inmigración de 1986 (IRCA) es que, en el tema migratorio, cada parte de los eslabones del proceso se construye teniendo en cuenta que no es posible la separación del diseño de una política migratoria con la realidad sociológica del fenómeno. Es poco probable que los resultados finales de una política pública se digan con anticipación y certeza, debido a que los componentes y objetivos

31 IRCA 210a(1)(A)(B) Consúltese la Ley Pública 99-603 de noviembre 6,1986 (Govinfo, 1986).

insertados responden a expectativas políticas *ad hoc* bajo la premisa de *ceteris paribus*, «si todo lo demás es igual» el resultado será «el esperado» pero pocos analistas consideran como fundamental, en el proceso de planeación, la posibilidad del error aleatorio (*random error*) que al final condiciona todos los supuestos (Wheelan, 2011, 74-75).

Como se demuestra en la fórmula siguiente sobre el diseño de una política pública: **A+B...+e** será igual a **X**. El óptimo o resultado final será diferente a la expectativa política esperada.

PP=*f*(A+B...)+ e=(+-)X Donde la política pública
A implementa **B...+e** (error) =(+-) al resultado óptimo **X**
(Hill, Griffiths, & Lim, 2007).

En ese sentido cuando el presidente Donald Trump implementó una serie de órdenes ejecutivas para la transformación del sistema de inmigración legal e irregular, pretendió el desaliento de los flujos de indocumentados (sobre todo de las unidades familiares y de los menores no acompañados),[32] lo que en números parece darle la razón a su objetivo; en la realidad el flujo de inmigrantes potenciales solo aminoró de intensidad, pero no se detuvo y permaneció en estado de espera (*stand by*) presuponiendo que, en algún momento, flexionará la política migratoria. La dinámica continuó porque los colectivos operaron estrategias diferentes, llegaron en conglomerados tácticos, más organizados y cohesionados por liderazgos repentinos, acamparon en

32 Como ya se ha anotado, una unidad familiar la componen al menos un adulto (tutor o familiar) y mínimo un menor de 18 años. Un menor no acompañado, es una persona de menos de 18 años que viaja sola. Clasificación de la *USCBP* en la clasificación de las detenciones (USCBP, 2021).

ciudades fronterizas mexicanas para esperar que, en cualquier momento, cambiasen las condiciones imperantes.

Pero las condiciones de la espera son difíciles e inhóspitas. Por ejemplo, las denominadas «unidades familiares», que acampan en la zona norte de las ciudades fronterizas de México, oscilan entre 2 y 8 integrantes. La mayoría pernocta en sitios insalubres donde los menores son los más afectados: deambulando entre campamentos improvisados, expuestos a infecciones de la piel (sarna), picaduras de insectos o a contagios virales frecuentes (el sarampión, la varicela y la tosferina son comunes).

Debido a las carencias infraestructurales de los campamentos migratorios fortuitos, tales como: la falta de drenaje y de agua potable, la contaminación y/o la descomposición de los alimentos, ocasiona problemas gastrointestinales constantes. Esta situación afecta a los migrantes en general, pero en mayor medida a las unidades familiares y a los menores no acompañados. El Título 42 operó como instrumento de remoción inmediata y sumaria de estos migrantes y núcleos familiares, pero incrementó su vulnerabilidad, siendo presa fácil de traficantes de personas y de organizaciones criminales. La política pública instrumentada por medio de la aplicación del Título 42 no logró darle matiz favorable al fenómeno migratorio, pero si impulsó el incremento de asentamientos irregulares en francas y acentuadas condiciones deplorables.

Para la ponderación y el estudio pertinente de la magnitud de la situación en la cual han vivido aquellos que acamparon en lugares inhóspitos, el 17 de marzo de 2021[33] se acudió a la zona

33 Cabe notar que la aplicación del Título 42 a los migrantes irregulares, incluyendo menores no acompañados inició el 20 de marzo de 2020, por lo que un año después la medida seguía siendo una problemática que involucraba, si bien no a

comprendida en las inmediaciones de la garita El Chaparral, en Tijuana, Baja California, allí fue localizado un asentamiento irregular de más de mil inmigrantes, la mayoría tenía más de un mes de espera en este sitio a la expectativa de que las autoridades del CBP le dieran la oportunidad para la presentación de sus casos de «asilo» o «refugio», según revelaron los encuestados.[34] Es importante resaltar que, el acercamiento a la problemática de los asentamientos irregulares en esta locación, se realizó en poco tiempo debido a que prevalecía la emergencia de COVID-19, en aquel momento. Pero se constató el deterioro de las condiciones de bienestar de los migrantes, en esencia, de los menores y de las unidades familiares.

En las cercanías de cada casa de campaña menores de todas las edades, estaban aglomerados: unos jugaban, otros deambulaban, algunos ingerían alimentos, todos expuestos a constantes peligros, amenazas oscilaban entre abusos, maltratos, violencia, hasta contagios virales. En aquel momento puntual, 17 de marzo de 2021, se observó a menores jugando entre charcos de agua sucia acumulada y basura esparcida por todos lados, algunos de ellos transitaban entre las carpas en compañía de sus familiares.

---

menores no acompañados, si a menores integrantes de unidades familiares. «Por otro lado, organizaciones de la sociedad civil han calculado que, desde la llegada de Biden al poder hasta el 16 de febrero de 2021, habrían sido deportadas 26,248 personas migrantes bajo el título 42: el estatuto del Código de Estados Unidos que se ocupa del bienestar y la salud pública» (Monte Madrigal, 2021).

34 La diferencia entre asilo y refugio es en gran medida de procedimiento, sin embargo, los encuestados desconocen la terminología. Una persona que solicita asilo en Estados Unidos se llama «asilado». La que solicita protección mientras está en el extranjero, y luego se le da permiso para entrar en Estados Unidos, se llama «refugiado». Quien solicita asilo con éxito estando ya en Estados Unidos se llama «asilado». Una persona que solicita protección estando aún en algún otro país (no el suyo, porque huyó —por múltiples razones—) y luego se le da permiso para entrar en Estados Unidos como refugiado, se llama refugiado. Esa es la principal diferencia entre ellos: una diferencia de procedimiento. Ver definiciones a detalle en la sección legal.

La complejidad de la situación fue evidente, la mayoría de las personas esperando asilo, han relatado historias que demuestran que la migración no se detendrá, porque las causas estructurales que la impulsa no se solucionarán a corto plazo. Otro dato interesante es que las cinco personas entrevistadas todas dijeron tener parientes en Estados Unidos (*social networking*). Llama la atención que familias enteras emprendan la travesía desde lugares remotos con la única esperanza de cruzar la frontera.

Una vez en el campamento irregular denominado El Chaparral, algunos obtuvieron asesoría legal a través del personal del Alto Comisionado de Naciones Unidas para Refugiados (ACNUR, por sus siglas en español), otros esperaron, una oportunidad repentina. Según ellos, «varios de sus amigos y conocidos lograron ingresar como asilados a los Estados Unidos y ahora solo esperaban su turno». A todos aquellos a los cuales se le preguntó: ¿cuánto tiempo esperarían en estas condiciones? Indicaron que estarían en este u otro lugar el tiempo que fuese necesario: su meta principal era cruzar la frontera a Estados Unidos. Un mexicano que fue entrevistado dijo que: «fui desplazado de mi lugar de origen debido a conflictos armados que se dieron entre las autodefensas y el crimen organizado», narró cómo su hermano ingresó a Estados Unidos indocumentado por una zona del desierto, pero «uno de los acompañantes de su grupo murió en el camino», por lo que el entrevistado aseveró que prefería esperar a que le otorgaran un permiso de entrada porque manifestó «traer todas las pruebas que fundamentan el peligro inminente que corría en México». Al lado del inmigrante estaban sus cuatro hijos menores y su esposa embarazada (de seis meses).

En un reportaje de *Cobertura 360* (Sánchez, 2021) entrevistó a Gina Garibo, miembro de American Friends Service Committee

Office (AFSC, por sus siglas en inglés), dijo que «un gran número» de migrantes ha estado llegando a El Chaparral, muchos de ellos desplazados por la violencia que se vive en sus comunidades (Sánchez, 2021). Garibo recabó información importante de los migrantes asentados en El Chaparral, que coincide con la obtenida en la entrevista llevada a cabo el 17 de marzo (2021), una gran cantidad de unidades familiares «rechazadas» en virtud de la medida sanitaria del Título 42, dijeron que: podrían tomar medidas extremas como enviar a sus hijos solos a puntos donde los traficantes de personas los pudieran cruzar, «sabiendo que a los menores no acompañados no le aplican la expulsión del Título 42» (Sánchez, 2021). Esta narrativa también coincide con el informe del congresista Lou Correa (Distrito 46 de California), quien señaló que los padres llegan a pagar a los traficantes de personas montos que ascienden hasta los 10 mil dólares.

En El Chaparral, debido a la llegada desmesurada de migrantes, los albergues locales colapsaron por lo que muchos decidieron vivir en situación de calle en condiciones insalubres y peligrosas. Organizaciones no gubernamentales apoyaron a algunos de estos migrantes con sus trámites de asilo, pero pocos ingresaron a Estados Unidos.

El panorama para los solicitantes de asilo se vislumbra sombrío debido al rezago actual y su solución por parte de las administraciones estadounidenses, ha sido imposible, desde las perspectivas legales de la normatividad actual. Los últimos datos disponibles revelan que el número de solicitantes de asilo esperando audiencia en Estados Unidos ha alcanzado ya al menos la cifra de 1 565 966 personas. Casi la mitad de este total, unos 787 882, esperan audiencias ante los jueces de Inmigración dependientes del Departamento de Justicia.

El resto, es decir, 778 084 solicitantes de asilo están a la espera de la revisión de su solicitud ante funcionarios de asilo del Servicio de Ciudadanía e Inmigración de Estados Unidos (USCIS), hay otro restante de solicitantes que ya ingresaron a Estados Unidos con un permiso condicional de un año para que, dentro de ese período presenten su solicitud de asilo (TRAC, 2022). Panorama complicado para los solicitantes de asilo a la luz de esta situación y poca esperanza para quienes esperan un permiso de entrada en los puertos fronterizos. Pero queda para la reflexión y el análisis, como estudio de caso, el asentamiento irregular de El Chaparral.

Cuadro 2. Datos de entrevistados en El Chaparral, Tijuana, B.C.

Tutores	Menores	Nacionalidad	Razón para solicitar asilo en EE. UU.	Familiares o conocidos en Estados Unidos
Madre (soltera)	Una niña de 10 años y una de 12 años	Salvadoreña	Asesinaron a su esposo	Una hermana en Washington, D.C.
Padre y madre (embarazada)	Niños de 4, 8, y 11 años. Una niña de 2 años.	Mexicana, de Michoacán	Reclutamiento de bandas de «criminales» (autodefensas)	Un hermano del padre vive en San Francisco, California
Tío	Niño de 10 años.	Hondureña	Las pandillas amenazaron al menor de muerte	El padre del menor vive en Los Ángeles, California. Reunificación
Madre	Una niña de 10 años y un niño de 5 años.	Guatemalteca	El esposo se fue a EE. UU.	El esposo vive en Fresno, California
Padre (viudo)	Una niña de 6 años y un niño de 12 años	Hondureño	Un huracán en San Pedro Sula «destrozó su casa y se quedó sin nada»	Hermando vive en Kansas City, Missouri.

Fuente: Entrevistas realizadas por autora Audrey Rivera a migrantes en asentamientos irregulares de El Chaparral (17 marzo 2021)

Los migrantes que estuvieron acampando en la zona de El Chaparral recibieron alimentación, algunas prendas de ropa y atención médica, por parte de la sociedad civil, personal de la ACNUR, AFSC y de los centros de salud del Estado de Baja California. Los menores fueron un caso patente y visible de la ignominia a la que están expuestos sufriendo condiciones insalubres, riesgos de abuso, deterioro en su condición física (desnutrición, falta de aseo e higiene en su persona). En ese sentido, el Título 42 afectó sobre todo a las denominadas unidades familiares (padres y menores) que fueron expulsados de inmediato después de su ingreso irregular a Estados Unidos. Por eso, ahora optan por una nueva estrategia: la contratación de «un coyote» para que ingrese a sus hijos menores a Estados Unidos, porque dicen que el Título 42 o el Título 8 o cualquier otra reglamentación «¡no les aplica, ni serán expulsados otra vez a México!».

Gráfica 10. Menores no acompañados detenidos por CBP

Fuente: Custom and Border Protection (USCBP, 2021)

De las entrevistas realizadas en El Chaparral (17 marzo 2021) y promediar entre la detención y la expulsión de los inmigrantes irregulares se colige que el Título 42 fue una herramienta de alto valor pragmático para los oficiales del CBP que permitió el uso de los recursos presupuestarios en contención, transportación y expulsión de indocumentados. Además; de la disminución, de dichos oficiales, en sus jornadas en el trabajo de oficina.

Por eso, cambia la visión del migrante y se incrementa el número de estos acompañados por menores para el cruce fronterizo o para su solicitud de entrada, porque saben que tienen prioridad y —en todo caso— ingresan, a sus hijos solos, a Estados Unidos porque «seguramente no serán expulsados». En ciertos casos serán puestos en albergues temporales hasta que un familiar o tutor se responsabilice de su custodia luego las solicitudes de asilo seguirán su larguísimo curso. La solicitud de asilo, según declaran los inmigrantes, es el mejor «recurso» para obtener un permiso de entrada, autorización para trabajar o estudiar en Estados Unidos.

Analizando las cifras de la oficina de CBP sobre las detenciones de los menores no acompañados, es probable que una parte de ese volumen corresponda a hijos de migrantes que decidieron —arreglar con amigos o traficantes de personas— el ingreso irregular de sus menores a Estados Unidos. Sabían, de antemano, que no serían expulsados y que permanecerían —durante un lapso— en albergues, hasta que un familiar se hiciera cargo de ellos. Por ende, al no aplicar a menores la política pública de probable expulsión por ingreso irregular bajo el Título 42 o cualquier otra reglamentación, se incentiva el tráfico de personas.

Otro elemento, importante a destacar, es que la gran mayoría de los migrantes que intentan cruzar la frontera estadounidense, son menores no acompañados o padres con sus hijos menores, que cuentan con contactos familiares o amistades en Estados Unidos, es decir, son parte de un eslabón más de las redes sociales (*social networking*) que han tejido en ese país. Viajan al norte siendo conscientes que los costos de inmigración se reducen debido a la existencia de estas redes sociales.

Por eso, las políticas públicas —implementadas por los tomadores de decisiones— para el desincentivo de la inmigración irregular, no funcionan. Debido a que ni las leyes ni las medidas para cerrar la frontera, contemplan la existencia de redes sociales conformadas por miles de inmigrantes irregulares y regulares asentados en el país, cerca de 11 millones entre indocumentados y residentes permanentes. Cerca del 50 % de esos 11 millones son indocumentados que trabajan, comercian, tienen a sus hijos en la escuela y forman parte de una comunidad alrededor de la cual se organizan transacciones financieras y comerciales, servicios médicos y religiosos, apoyo de asesoría legal y comunitaria. Las redes sociales son eslabones tendidos por los migrantes desde sus países de origen hasta el país de acogida y se expanden en Estados Unidos de norte a sur y de este a oeste.

Cada uno en su papel conforman los eslabones fundamentales de las redes sociales (*social networks*) que a decir de los expertos o migrólogos al disminuir los costos de la inmigración irregular generan una dinámica propia que vitaliza los flujos migratorios (Arango, 2003).

En un acercamiento, a estas cadenas sociales (*social networks*), como estudio de caso, se entrevistaron a 10 indocumentados que acudían a una festividad de la hispanidad realizada en septiembre de 2021 en Fullerton, California. Se seleccionó, como grupo focal, a aquellos que tuvieran más de 15 años en Estados Unidos y que continuaran como indocumentados con el fin de identificar su función en los procesos de atracción ya sea proveyendo con recursos financieros o de estadía a familiares que, en potencia, decidieran inmigrar a Estados Unidos. Algunos de los integrantes del grupo focal manifestaron tener nexos familiares o de amigos en el exterior que desean inmigrar a Estados Unidos «para vivir mejor». Los que ya se encuentran establecidos en esta localidad tienen trabajos en la agricultura, en la construcción, en servicios de limpieza, en la elaboración de comida, en jardinería y en supermercados, labores que dan ingresos constantes para apoyar con préstamos o subvenciones a familiares o amigos que emprendan la travesía al norte. Siete de ellos revelaron que, en su momento, enviaron dinero a familiares que estaban en tránsito hacia Estados Unidos y que, por fin, ingresaron.

Lo interesante de este acercamiento es que 6 de ellos manifestaron que esperan un mejoramiento de «la situación en Estados Unidos para traer a otros familiares» algunos con sus hijos menores, así como primos, sobrinos u otros parientes, argumentando que las condiciones de vida en sus países de origen son «cada vez más difíciles debido a la violencia, los atracos, las amenazas de los carteles de la droga y la pobreza». Lo relevante de este estudio de caso, es que la formación de las redes sociales, opera como imán, y, sin lugar a dudas, es una muestra representativa de las familias que, a pesar del Título 42 o cualquier otra reglamentación migratoria, están esperando que sus parientes o amigos ingresen a Estados Unidos. Por lo cual se infiere que, a pesar de medidas restrictivas como lo fue el Título 42, los inmigrantes, los menores, acompañados o no, seguirán intentando cruzar para encontrarse con familiares o amigos.

El estudio de caso en Fullerton es un parámetro representativo de la sociología de los procesos migratorios. En ese sentido, aquellos que dijeron que esperan que la «situación en Estados Unidos mejore», significa que las políticas restrictivas disminuyan. Muchos de ellos tienen la esperanza de que «el presidente Biden los ayude con su solicitud de asilo», que las restricciones de la frontera sean, en su totalidad, levantadas después de algunos meses de la culminación de la emergencia sanitaria.

Muchos de los migrantes irregulares recién llegados, con dos o menos años de estancia en Estados Unidos creen que, pronto habrá una ley de inmigración que los regularice, porque dicen «no pueden cubrir la gran cantidad de vacantes» refiriéndose a las ofertas de empleo en la construcción, la agricultura y el sector servicios. Algunos solicitantes de asilo dicen que «muy pronto sus casos serán resueltos» (a pesar del rezago) y entonces tendrán un camino a la ciudadanía para «traer de forma regular a sus familiares». Esta posición fue de particular interés para los inmigrantes que están al amparo de los permisos TPS.[35]

Esta narrativa de los inmigrantes se nutre de información dispersa que se origina y se comparte entre las comunidades.

---

35 El Estatus de Protección Temporal (TPS, por sus siglas en inglés) es un permiso temporal de estancia por razones humanitarias establecido por una ley del Congreso (la Ley de Inmigración de 1990) y concedido por el Departamento de Seguridad Interior (DHS, por sus siglas en inglés) a los nacionales de países que sufrieron una catástrofe medioambiental, un conflicto armado o condiciones extremas que impiden su regreso seguro. No proporciona, por sí mismo, una vía para obtener el estatus legal permanente o la ciudadanía. Los titulares del TPS están protegidos contra la deportación y pueden tener permisos temporales para trabajar o viajar. El Secretario del DHS concede, en ocasiones, prórrogas a las temporalidades del TPS en función de las condiciones actuales del país designado, o designa de nuevo a esos países dentro del programa. Designa a beneficiarios de ese programa si las condiciones persisten o empeoran en sus países (USCIS, Temporary Protected Status, 2020).

Tienen información sobre los sitios de transferencias financieras y algunos casos manejan aplicaciones en sus celulares a través de las cuales envían dinero a sus familiares o amigos en situación de espera, *stand by*. Entre los eslabones de las redes sociales hay informantes sobre contactos de «personas que tengan probabilidades de pasarlas al otro lado» y sobre los sitios donde hay apoyos de estancia (albergues) y organizaciones no gubernamentales que los pudieran apoyar.

Las entrevistas, realizadas en Fullerton, sirven para interpretar las conductas e ideología de los migrantes en sus comunidades en Estados Unidos y su relación con los flujos migratorios. Aquí, cabe a manera de acercamiento conceptual, el Modelo Roy relativo de la autoevaluación positiva a la emigración derivada de la posibilidad de obtener mayor rentabilidad en ingreso comparado con lo que percibe en el país de origen, así como el acceso a los sistemas de salud, seguridad y educación en los países de acogida. En la autoevaluación diversas variables de bienestar están en el panorama.

El Modelo Roy muestra también que, países que han incrementado con políticas públicas innovadoras el acceso al empleo, no han reducido el sentimiento de emigrar; son otras las variables —que transforman la agenda de las personas— que los obliga a permanecer en sus países de origen, por ejemplo, migrantes chinos e indios con grados elevados de educación son más propensos a emigrar a países donde el capital humano tiene mayor remuneración y son capaces de invertir miles de dólares en una travesía distante a su región con el fin de ingresar a países de la Unión Europea, Gran Bretaña, Canadá o Estados Unidos.

Este tipo de acercamientos al fenómeno migratorio no lo realizan los tomadores de decisiones (de forma estratégica) cuando establecen las políticas públicas sobre el tema. Como lo indican Pressman y Wildavsky: «Hay un eslabón perdido» en la implementación de las políticas públicas por lo que esas propuestas en la mayoría de los casos son ineficientes y muchas veces el remedio resulta más grave que la enfermedad (Hill & Hupe, 2002).

Tal fue el caso, en el contenido de las consideraciones que hizo el entonces presidente Donald Trump en sus anuncios en mayo de 2019 sobre las líneas generales de un plan de migración, cuya propuesta se centró, primero en la estructuración de los procesos de inmigración legal considerando la capacidad meritoria del solicitante (incrementando la cuota anual del 12 % al 57 %), pero limitando las solicitudes basadas en las preferencias familiares[36] cuando las redes sociales en Estados Unidos son ya estructurales y no se modificarán por planes gubernamentales o legislaciones restrictivas.

Incluso cuando se estableció la política migratoria, basadas en las preferencias familiares, no modificó la reunificación familiar —al contrario— en lugar de desalentarla generó un incremento en la inmigración irregular, ya que los tiempos de espera de un solicitante, por ejemplo, en la 4ª. Preferencia para nacionales de México (hermanos y hermanas de ciudadanos estadounidenses) llega a ser de más de 20 años, por lo que muchos deciden el ingreso irregular. En ese sentido, el sistema

36 El número de solicitudes de visa de inmigrante basadas en una relación familiar directa de un ciudadano estadounidense con su cónyuge, su hijo o padre, no tiene límite durante cada año fiscal. Sin embargo, otras preferencias como hermanos y hermanas de ciudadanos estadounidenses, al igual que las solicitudes de inmigración por parte de residentes permanentes legales, tienen una cuota anual y la fila de espera, a veces, es de varios años, dependiendo la nacionalidad del peticionario (U.S. Deptartment of State, 2021).

de cuotas no logra una inmigración digna, ordenada y humana. Tal deficiencia se corroboró con las personas entrevistadas en Fullerton, California, en el estudio de caso citado, cuyas narrativas mencionaban «el tiempo de espera» de varios años para lograr la residencia permanente bajo las preferencias de la Ley de Inmigración (INA) basadas en relaciones familiares de ciudadanos y de residentes permanentes.

En la citada política, Trump, justificó su propuesta aduciendo que no discriminaría más a los genios; a los talentos en las ciencias y en las artes; quienes, desde su conceptualización, merecen estar primero en la fila de espera para inmigrar. Acusó también a los inmigrantes no meritorios de reducir los niveles salariales de entrada a trabajos no especializados (construcción y manufactura) perjudicando a los trabajadores estadounidenses. Como si el ambiente estructural del empleo, los segmentos laborales (en la industria, agricultura y servicios), la especialización y certificación, y las oportunidades de trabajo en una sociedad, pudieran ser modificados con facilidad, con un ajuste de visados.

Su propuesta pretendía la sustitución de todas las categorías de visado existentes por un visado nuevo denominado «Build America» que, supone, un posicionamiento de Estados Unidos en línea con otros países para ser una nación más competitiva en el mundo (Hansen, 2019).

Esa propuesta también incluyó acciones para el refuerzo de la seguridad fronteriza a través de un sistema fiduciario financiado con recursos obtenidos por medio del pago de derechos en la frontera (sin especificaciones claras de los mecanismos de recaudación). Trump también mencionó, dentro de su plan de acciones, una política para la eliminación del tráfico de menores y «el filtro» de las solicitudes de asilo a las cuales catalogó de «frívolas», pero ninguno de los mecanismos planteaba la mecánica operativa para ponerlos en práctica (Hansen, 2019).

A pesar de la intensidad del posicionamiento de la administración Trump contra la inmigración, datos estadísticos demuestran que fue un fracaso. Porque la complejidad del problema rebasa toda política pública que no considere al error como un factor determinante (*ceteris paribus*). Estas acciones, así como otras que se han emprendido no han funcionado, porque hay razones claras y teorías concretas que fundamentan las dinámicas de los flujos migratorios (Massey, Arango, & et.al, 1993). Esas dinámicas continuarán, a pesar de las políticas públicas encaminadas a desactivarlas.

En un estudio interesante, realizado por el Consejo de Relaciones Exteriores, se esboza la magnitud del fenómeno. Solo en el tema de la inmigración legal, sin considerar la indocumentada, Estados Unidos concedió en el año fiscal de 2019 alrededor de un millón de residencias legales, monto que se ha mantenido en la mayoría de los años desde principios de la década de 1990; los datos son contundentes para entender las prioridades de los migrantes. Más de dos tercios de ellos fueron admitidos sobre la base de la reunificación familiar. Otras categorías fueron: preferencias basadas en el empleo (14 %), refugiados (8 %), diversidad (4 %) y asilados (3 %).

A finales de 2020, casi cuatro millones de solicitantes se encontraban en la lista de espera del Departamento de Estado para visados de inmigrante basados en relaciones familiares y empleo (Felter, Renwick, & Cheatham, 2021). Los cuadros estadísticos revelan la importancia de la reunificación familiar en la dinámica de los flujos migratorios (ver Gráfica 11).

De las preferencias para la inmigración sustentada en una relación familiar, de conformidad con la Ley de Inmigración y Nacionalidad, el solicitante debe considerar que cada país tiene una cuota por preferencia. Las tres primeras tienen una lista de espera menor, debido a ser una relación directa de ciudadanos estadounidenses. Mientras que la cuarta está relacionada con hermanos y hermanas de ciudadanos norteamericanos (ver Gráfica 12).

Gráfica 11. Inmigrantes admitidos para residencia permanente.

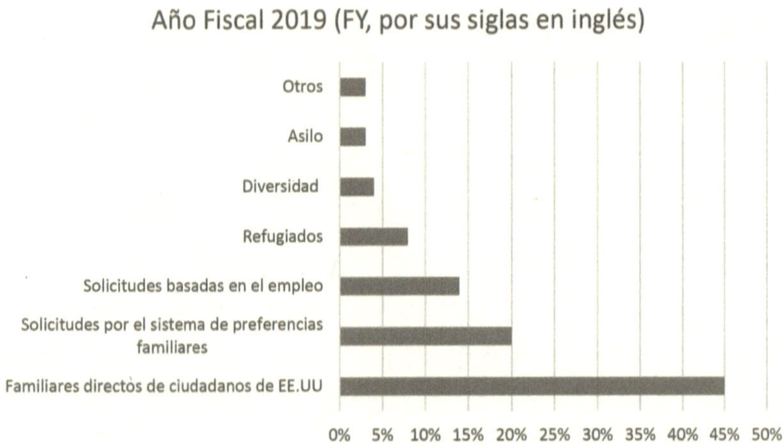

Fuente: Departamento de Seguridad Doméstica (Felter, Renwick, & Cheatham, 2021)

Como se observa en la Gráfica 11, la admisión de residentes permanentes por medio de las preferencias familiares, ciudadanos y residentes permanentes, representaron en 2019 el 65 % de todos los ingresos de inmigrantes legales lo cual significa que la reunificación familiar es el principal motor de los flujos migratorios.

Gráfica 12. Rezago en las preferencias para inmigrar a EE. UU.

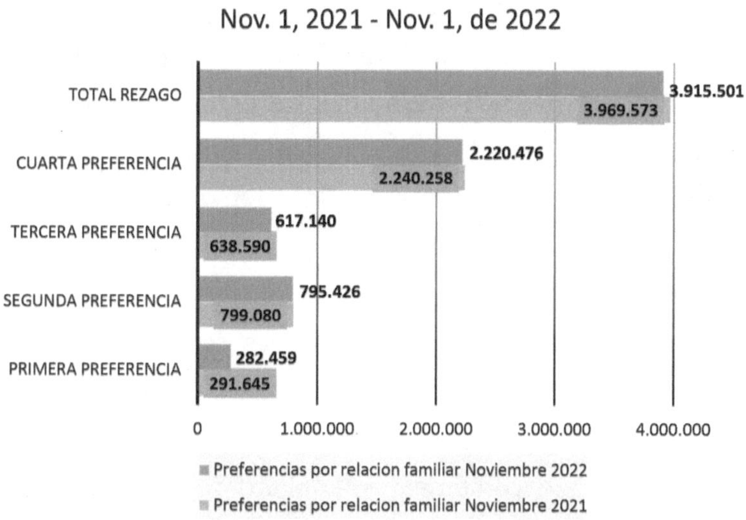

Fuente: Departamento de Estado. Marzo, 2023

En el estudio de caso antes citado (en Fullerton, CA), se preguntó a otros inmigrantes indocumentados recién llegados: ¿cuál fue la razón de haber decidido residir en el Condado de Orange? El 95 % citó una relación familiar y el otro 5 % porque conocían a una persona o tenían amistades residiendo en este condado. ¿Tenían algún familiar directo con residencia permanente o ciudadanía? Solo el 30 % dijo que tenían un hermano o hermana con ciudadanía estadounidense, pero argumentaron que la lista de espera era de hasta 20 años. Otros, con residencia permanente, dijeron que la espera «era demasiado larga» y prefirieron traer a sus hijos o familiares de manera irregular, «pagando a un coyote».

Es claro, que esos indocumentados, algunos de ellos relacionados con ciudadanos o residentes permanentes; saben que para su ingreso legal a Estados Unidos deberán colocarse en listas de espera, que en la mayoría de los casos representarían varios años de espera, según lo establece la Ley de Inmigración y Nacionalidad (INA).[37] En los casos de la 4ª. Preferencia, hermanos y hermanas de ciudadanos estadounidense la temporalidad de espera, antes de su ingreso como inmigrante, puede superar los 20 años (dependiendo la nacionalidad) por lo que prefirieron su ingreso a Estados Unidos de forma irregular.

Es preciso destacar que, las solicitudes de asilo constituyen una de las razones principales argumentadas por los inmigrantes que se quedan varados en la frontera o que obtienen una visa temporal de ingreso, con tarjeta I-94.[38] Pero, como se observa en la Gráfica 11, el porcentaje de asilados y refugiados, del total de los admitidos como residentes permanentes no sobrepasan el 4 % y el 7 % en cada caso respectivo.

Miles de migrantes que esperan en la frontera con México (Tijuana, Reynosa, Piedras Negras o Ciudad Juárez) u otros que se encuentran varados en Tapachula, Chiapas, tienen

---

37 Esa ley establece que ciertos familiares de ciudadanos estadounidenses y residentes permanentes legales pueden ser solicitados para obtener beneficios de inmigración. Las solicitudes de inmigración basadas en una relación familiar se dividen en categorías de preferencia. Los trámites de visa de inmigrante para familiares directos son mucho más rápidos. El tiempo que transcurre desde la presentación de la solicitud hasta la inmigración definitiva depende por lo tanto de cada categoría a la que pertenezca el inmigrante. Algunas categorías están saturadas debido al sistema de cuotas por lo que el periodo de espera, en ocasiones es de varios años antes de que sea posible la inmigración (USCIS, Green Card Eligibility Categories, 2021).

38 Algunos de los inmigrantes que se encuentran acampando en las inmediaciones de la estación del Instituto Nacional de Inmigración en El Chaparral de Tijuana y que solicitan asilo ante las autoridades del CBP le dan un documento con una fotocopia de la tarjeta I-94 donde se asienta que la fecha de ingreso y la duración de validez por 6 meses, con posibilidad de renovación, anotando que tienen un año para tramitar su proceso de asilo.

familiares, conocidos o amigos en Estados Unidos. Pero el argumento central, del desplazamiento desde su lugar de origen, tanto de menores de edad como de unidades familiares, es producido por la violencia, por ataques del crimen organizado, por desastres naturales, por pobreza extrema o por desempleo. La OIM (Organización Internacional de Migración) en un estudio sobre migraciones internacionales demuestra que el 70 % de los migrantes se desplazan por razones económicas (OIM, 2022).

Cualquier información sobre oportunidades nuevas para ingresar a Estados Unidos o restricciones al desplazamiento de los inmigrantes internacionales, fluye con gran velocidad, el nivel de conectividad entre las colectividades en movimiento a través de las redes de Internet es inmediato, el teléfono celular se ha convertido en una herramienta fundamental en el proceso migratorio.

En un libro donde, se aborda el tema de las Caravanas, se presenta una fotografía de AFP con una imagen espectacular la misma describe con claridad este fenómeno; una madeja de cables se forma desde varias tomas de electricidad donde varios celulares cargan corriente, los migrantes aglomerados alrededor de sus dispositivos hacen una pausa en su travesía y esperan la carga completa de sus teléfonos celulares, mientras otros esperan su turno (Gandini, Fernández de la Reguera, & Narváez Gutiérrez, 2020).

Saben, con certeza, los impedimentos para su ingreso a Estados Unidos y la multitud de trámites que deben realizar: el régimen de cuotas de inmigración, las largas listas de espera para inmigrar, los distintos programas como el TPS, los menores beneficiados de Centroamérica para continuar con sus trámites de asilo (CAM,[39] por sus siglas en inglés), etc., son indicativo que la reunificación familiar es la fuerza de atracción fundamental para los migrantes. Lo que explica, en parte, la motivación que tienen los menores para emprender el viaje solos o hacerlo en compañía de sus familias. No lo hacen de manera legal «solicitando un visado» porque no califican o se encuentran frente a una madeja de trámites burocráticos que, en la mayoría de las ocasiones, son requisitos de ley que no cumplirían, por lo cual la desesperación los obliga al intento de ingreso irregular.

39 El programa de refugiados y libertad condicional del Central American Minors (CAM) ofrece a ciertos menores de El Salvador, Guatemala y Honduras, así como a sus familiares, la oportunidad de solicitar la condición de asilado o continuar con su trámite ya iniciado con la posibilidad del reasentamiento en los Estados Unidos. Sólo determinados padres o tutores legales que se encuentren en este país pueden solicitar el acceso al programa para los menores relacionados con ellos y que reúnan los requisitos: soltero, menor de 21 años y nacional de El Salvador, Guatemala u Honduras. También los padres o madres de un menor de 21 años pueden también beneficiarse de este programa, siempre y cuando los menores no estén casados (USCIS, Central American Minors (CAM) Refugee and Parole Program, 2021).

Las fallas de la política migratoria de Trump

En las páginas previas se hizo un recuento de las fallas en las que se incurre cuando se diseña una política pública, debido a variables o componentes esenciales que no fueron contemplados. Hay factores que impactan a la sociedad y que no pueden ser esquematizados. Hay muchos ejemplos recurrentes de políticas públicas fallidas en materia migratoria, sobre todo cuando se impulsan acciones de contención.

Por ejemplo, el presidente Donald Trump, planteó una orden ejecutiva, en enero de 2017, que invalidó los visados a migrantes procedentes de países musulmanes (con énfasis especial a los provenientes de Libia, Irán, Irak, Somalia, Sudán, Siria y Yemen) generando caos y confusión en varios aeropuertos, en el John F. Kennedy de Nueva York, por ejemplo, hubo protestas y manifestaciones en contra, hasta que una jueza federal detuvo su aplicación (Kulish, Yee, & et.al., 2017).

La administración del presidente Barack Obama estableció en 2014, lineamientos para deportar a inmigrantes indocumentados considerados como un peligro para la sociedad y la seguridad nacional, segmentó el presupuesto del DHS, lo redireccionó a cuestiones de orden público y le dio un sentido más pragmático a la procuración de justicia sin considerar otros aspectos cruciales de la migración como el rezago en las solicitudes de asilo y la reunificación familiar (Kulish, Yee, & et.al., 2017).

Obama implementó un sistema diferenciado en las expulsiones mientras Trump expulsó a cualquier indocumentado.[40] Ambos casos fracasaron, ni el esquema diferenciado ni la expulsión masiva de indocumentados resolvieron la crisis del sistema migratorio estadounidense.

Peor aún se incrementó la desconfianza hacia las autoridades de todos los niveles de gobierno (municipal, estatal y federal), algunos indocumentados que habían sido detenidos tenían más de 25 años en Estados Unidos con hijos menores nacidos en ese país e incluso algunos vivían en pareja, habían formado hogares con ciudadanos estadounidenses, nada de eso fue considerado, muchos dejaron de salir a trabajar por el temor de ser apresados y deportados, algunos menores no acudían a la escuela, se incrementó el deterioro familiar y la marginación. Varios perdieron sus casas y vehículos (Kulish, Yee, & et.al., 2017).

Trump criticó la gestión de las administraciones anteriores en el tema migratorio dijo que daría por terminada la política de «captura y liberación»,[41] porque implicaba permitir la inmigra-

40 Existe en la normatividad sobre inmigración (INA, Título 8 USC, CFR Título 8) una diferencia sustancial entre deportación y remoción. Cada uno de estos procedimientos implica una penalidad diferente siendo la deportación el esquema de consecuencias penales y prisión en casos de reincidencia. Los internos (reos) extranjeros documentados e indocumentados pueden ser deportados vía judicial e impedidos de reingresar «de por vida» a Estados Unidos, aunque hay salvedades consideradas por la ley y autorizadas por el Procurador General (Information Institute, 2021; Immigration and Nationality Act, 2021; CFR, 2021).

41 El secretario interino de Seguridad Nacional Kevin K. McAleenan en un discurso en el Consejo de Relaciones Exteriores de Washington, D.C., el 23 de septiembre de 2019, anunció que terminaría con la práctica de «captura y liberación (*catch and release*) de las familias centroamericanas que ingresaban de manera irregular por la frontera. Esta nueva política pública «es parte de la estrategia de la Administración Trump para mitigar los vacíos en los procedimientos que actúan como «factor de atracción» para las unidades familiares que buscan cruzar

ción indocumentada. Una política intimidatoria que pretendía reducir los costos de la deportación con la intención de enviar un mensaje de contención a los migrantes potenciales de países lejanos a Estados Unidos sobre todo a los provenientes de países de Sudamérica, Medio Oriente, Asia o el Caribe. A los indocumentados de estos países cuando los capturaban agentes del CBP le daban un permiso temporal de libertad condicional (*parole*) para luego expulsarlos o regularizarlos, pero las autoridades del DHS los perdían la pista (Kulish, Yee, & et.al., 2017). Así como fracasaron estas medidas de contención y de segmentación de la aplicación de la ley, también se generaron otras de mayor peso y complejidad como la introducción e ingreso irregular de los menores no acompañados.

De esta forma en febrero de 2017 se diseña una política hacia las unidades familiares con la intensión de separarlos de sus hijos menores, un memorándum oficial que incorpora en la jerga gubernamental migratoria el concepto de los «menores no acompañados» y el requisito de otorgarles el derecho de audiencia y el debido proceso a los solicitantes de asilo (DHS, 2017). Los menores, a diferencia de los padres que cruzaban la frontera, no podían ser expulsados sin la comparecencia previa ante un juez de inmigración; y en su caso, ser entrevistados por un oficial en materia de asilo.[42] Intentando la resolución de un problema, se generó otro.

---

de manera ilegal en la frontera suroeste (DHS, Acting Secretary McAleenan Announces End to Widespread Catch and Release, 2019).

42 El 20 de febrero de 2017, el secretario John Kelly firmó un memorando que implementa la orden ejecutiva presidencial intitulada «Mejoras en la seguridad fronteriza y la aplicación de la ley de inmigración», emitida el 25 de enero de 2017. Este documento responde a algunas preguntas frecuentes sobre cómo el DHS implementará los lineamientos de la Orden Ejecutiva del presidente. Entre otros aspectos, aborda el tema de los menores no acompañados.

Esa situación propició una problemática dual, la separación de menores de sus padres y la posibilidad, estratégica de familias, de enviar en caravana o con el apoyo de traficantes de personas a sus hijos menores. Miles de menores no acompañados ingresaron por las fronteras de manera irregular, la mayor parte dijo que su vida corría peligro por lo que pretendían solicitar asilo

En un memorando se reconoce el derecho de asilo de los menores no así la situación de sus padres, los hijos lo solicitaban mientras que los padres eran expulsados e incluso procesados por haber permitido que sus hijos entraran al país como indocumentados. El memorando apuntaba que, estos padres, pagaron a contrabandistas para que transportaran a sus hijos desde Centroamérica, un acto que, según el memorando, contribuye al tráfico «ilegal» de menores. (DHS, 2017). Algo que desde un principio no se concibió cuando se diseñó e implementó esta política pública. El memorando asentaba:

> Los padres y familiares de estos menores, a menudo se encuentran ilegalmente en Estados Unidos y suelen pagar a los contrabandistas varios miles de dólares para que traigan a sus hijos a este país. Trágicamente, muchos de estos menores son víctimas de robos, extorsiones, secuestros, agresiones sexuales y otros delitos de violencia por parte de los contrabandistas y otros elementos criminales a lo largo del viaje a través de México hasta Estados Unidos. Independientemente de los deseos de reunificación familiar, o de las condiciones en otros países, el contrabando o la trata de menores extranjeros es intolerable. En consecuencia, el DHS garantizará la aplicación adecuada de las leyes de

> inmigración contra aquellos que —directa o indirectamente— facilitan el tráfico o la trata de menores extranjeros en los Estados Unidos. Por lo que los padres o tutores inadmisibles o aquellos que han sido expulsados en procedimientos de remoción deben ser puestos a disposición de las autoridades para que sean enjuiciados penalmente, según proceda (DHS, 2017).

Como resultado de esta política migratoria, Estados Unidos incrementó con ímpetu la detención de menores no acompañados, desencadenando una crisis desde el gobierno de Obama hasta el de Trump. Según cifras de las autoridades de inmigración estadounidenses se detuvieron a 76 020 menores en el año fiscal de 2019, la mayoría de ellos procedentes de Centroamérica, que viajaban sin sus padres, un 52 % más que en el último año fiscal de 2018 (CBP, Southwest Border Migration FY, 2019; ver Gráfica 13).

México a su vez, trató de resolver o mitigar el impacto provocado por las políticas de contención estadounidense, llevó a cabo algunas acciones de procuración de justicia[43] y en ese mismo lapso registro y levantó datos de 51 999 migrantes menores, de los cuales 48 607 procedían de los países del Triángulo Norte de Centroamérica y de estos el 22.8 % eran menores no acompañados, que pretendían cruzar a Estados Unidos (Martínez Caballero, 2020).

43 Considerados como «presentados» al Instituto Nacional de Migración.

Gráfica 13. Menores migrantes presentados ante el INAMI

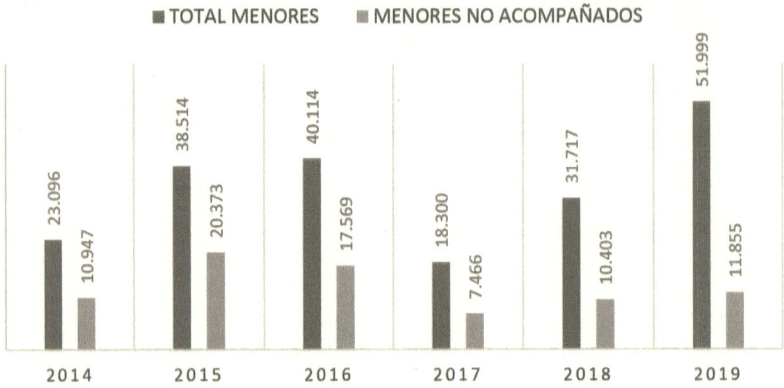

Fuente: SEGOB (Martínez Caballero, 2020)

Como se observa en la Gráfica 13, los flujos de menores migrantes no acompañados después de su descenso en 2017, regresó a los mismos niveles de 2014 y, de nuevo, la tendencia se levanta en 2018 y 2019. Estos datos corroboran las narrativas de los inmigrantes, sobre todo las reveladas por las «unidades familiares» que están asentadas en situación de calle o en albergues de las ciudades fronterizas mexicanas, en el sentido de que «dada su situación» de precariedad, riesgos, abusos, extorciones e insalubridad, prefieren enviar a sus hijos menores solos en compañía de otros de mayor edad (de 15, 16 o 17 años) o arreglar su ingreso a través delos traficantes de personas, «polleros» o «coyotes».

Lo que demuestra que las políticas migratorias —hasta ahora impuestas— no erradican las causas de la inmigración, ni detienen los flujos migratorios; sino que generan poblaciones flotantes de migrantes en «stand by» o a la expectativa de cualquier oportunidad que aparezca para ingresar a Estados Unidos, lo cual implica deterioro anímico y físico de los menores migrantes.

Una nota del periódico *The New York Times* revela que varios menores dijeron estar conscientes de los peligros que encierra la travesía por México, «que el viaje era peligroso, y que si los atrapaban podían terminar en instalaciones superpobladas y sucias a ambos lados de la frontera, sin condiciones adecuadas de alimentación, agua potable o atención médica. Pero se arriesgan «de todos modos», buscando escapar de la pobreza sin salida, la violencia y la falta de oportunidades «para estudiar o trabajar» en sus países de origen. Lo cual es un indicativo de que, a pesar del endurecimiento de las medidas migratorias, los menores no acompañados y las unidades familiares no desisten en su empeño de llegar a Estados Unidos para reunirse con un familiar cercano, padres o conocidos que pueda ofrecerle un mejor futuro (Villegas, 2019).

En una entrevista realizada, para esta investigación, lograda con la asistencia de un líder comunitario de El Salvador radicado en la ciudad de San Diego, California, se pudo contactar a una familia con 6 integrantes, dos menores de edad, uno de 15 y otro de 17 años. Se le preguntó, a cada uno de ellos, sobre su situación migratoria y cómo habían ingresado a Estados Unidos. Indicaron que cruzaron por México solos y viajaron hasta Tijuana, desde allí ingresaron a Estados Unidos en 2019, con el apoyo de «un coyote que los ayudó».

Los dos menores fueron capturados por autoridades migratorias y llevados a la estación de San Clemente de la Patrulla Fronteriza donde fueron interrogados y llevados a «un sitio» donde estuvieron dos días; estos menores, le proporcionaron a los oficiales del CBP los números de teléfono de unos familiares (con residencia permanente) que vivían en San Diego, el oficial de la patrulla fronteriza se comunicó con ellos y los entregó, después de corroborar la veracidad de su identidad y su relación familiar, presentaron fotos donde aparecían con ellos en una población de El Salvador. Los familiares proporcionaron todos sus datos y firmaron un documento en donde se comprometían a custodiarlos y presentarlos ante las autoridades de migración en cuanto fueran requeridos. Hasta ese momento, el 4 de agosto de 2021, nadie los ha llamado o contactado para «continuar con sus trámites».

Al preguntar: «¿al llegar a Estados Unidos, qué desean lograr?». Con claridad dijeron: «¡asilo!». Relataron que, en su pueblo natal, en el departamento de La Unión, en El Salvador las pandillas los estaban obligando a comerciar estupefacientes (drogas ilícitas) y, en caso de oponerse, los amenazaban de muerte. Dijeron que decidieron huir del país cuando «una banda» les dijo que si no se unían a sus filas los matarían a él y a su hermano menor, no dudaron en marcharse porque «esos mismos habían asesinado a su primo unos días antes».

La narrativa de los menores no acompañados sobre la travesía presenta una serie de desafíos; la ausencia de apoyo de personas adultas que los protejan en el camino los expone a condiciones de mayor vulnerabilidad siendo objeto de abusos, vejaciones, maltratos o asaltos: les roban el poco dinero que traen en sus bolsillos, los extorsionan o los secuestran. Los hermanos entrevistados, Walter y Erick (se usan seudónimos, para proteger su identidad) indicaron que viajaron por senderos improvisados, desolados, evadiendo los retenes «de la policía» (del Instituto Nacional de Migración), cuando encontraban algún lugar que parecía seguro o donde había otros migrantes descansaban unas horas o pernoctaban.

No podían quedarse en lugares aislados por mucho tiempo porque el hambre y la sed los llevaba a buscar el sustento del día en poblados cercanos donde los lugareños les daban agua y comida. Pero siempre en movimiento, caminando con destino al norte. Manifiestan que «a veces les daban un aventón» y así atravesaron largos trayectos de Honduras, Guatemala y partes de México. Durmieron en albergues, en el campo abierto, en banquetas, iglesias y en una ocasión también «dentro de unos tubos de cemento de drenaje que se encontraron en un terreno en construcción».

También Walter y Erick comentaron que hubo otros migrantes, con quienes se toparon en el camino, que los ayudaron con información sobre las rutas más seguras e información de lo que estaba sucediendo en la frontera.

La suerte que corren los menores migrantes no acompañados durante la travesía hacia Estados Unidos es multidimensional, en la mayoría de los casos además de sufrir abusos de todo tipo, los despojan de sus pertenencias. La única solución que encuentran es moverse en conglomerados (caravanas) buscando la asistencia de personas mayores o paisanos que ofrecen ayudarlos. Algunos viajan con teléfonos celulares y están en constante comunicación con familiares o amigos. Las caravanas representan un colectivo de apoyo y seguridad para los menores migrantes.

Gráfica 14. Aprehensiones de menores no acompañados

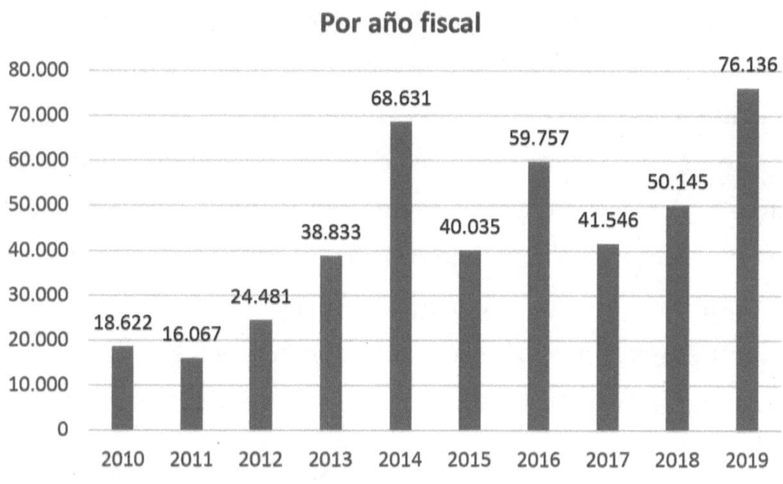

Fuente: Congressional Research Service (CRS, 2021)

Como se observa en la Gráfica 14, el flujo de los migrantes menores no acompañados ha tenido variaciones relacionadas con la dinámica: en 2014 se disparó la cifra, en 2015 cayó y volvió a una tendencia ascendente en 2016 y 2019. Hay varias razones de este vaivén, las cuales son atribuidas a políticas migratorias más laxas o restrictivas desde los países de origen, tránsito y destino, porque los factores causales de expulsión no cambian de manera radical e incluso continúan exacerbándose, algunas políticas migratorias imponen oscilaciones coyunturales y después vuelven las tendencias. Por ejemplo, en el departamento de La Unión de donde Walter y Erick son originarios las condiciones no han mejorado, incluso han empeorado, debido a la estructuración histórica de las rutas geográficas del crimen y la colindancia con la frontera «porosa» de Honduras (Insight Crime, 2021).

Según estudios y entrevistas realizadas por Insight Crime en el departamento de La Unión existe la ruta internacional del trasiego de drogas entre El Salvador y Honduras utilizada por el crimen organizado. Esta ruta es también el corredor del tráfico de personas desde El Salvador a Guatemala, México y Estados Unidos; «las autoridades municipales y la policía, a menudo participan en las redes criminales» (Insight Crime, 2021).

La «Mara Salvatrucha» (MS13) cuenta con doce facciones en La Unión y sus mayores ingresos provienen de la extorsión, en especial, en los municipios de San Alejo, Bolívar, El Carmen, Pasaquina, San José, Yucuaquín y El Sauce. Hay otros grupos paramilitares como los escuadrones de la muerte en la frontera de La Unión con el departamento de San Miguel. Cerca del 20 % de los homicidios cometidos en 2019 en La Unión se atribuyen a estos grupos (Insight Crime, 2021).

El Instituto de Políticas de Migración (MPI, por sus siglas en inglés), explica algunas de las razones por las cuales los números en las estadísticas sobre los flujos de migrantes menores no acompañados suben y bajan. De acuerdo con este estudio, las principales causas son pragmáticas y obedecen al fortalecimiento de las medidas de contención por parte de las autoridades de migración estadounidense, la intensificación de los arrestos, los procesos de remoción inmediata, el incremento del presupuesto destinado al procesamiento penal de los traficantes de indocumentados y las campañas de información en los países de origen para el desaliento de los flujos migratorios.

En el caso de Guatemala, Honduras y El Salvador, considera que el Plan de Alianza para la Prosperidad, como estrategia de desarrollo de los países del Triángulo Norte de Centroamérica «está dando resultados» (Rosenblum & Ball, 2016).

Asimismo, señala que México llevó a cabo acciones de procuración de justicia por medio del Programa para la Frontera Sur que atiende y controla «el flujo migratorio de centroamericanos hacia Estados Unidos». Este programa reguló los flujos de centroamericanos que cruzaban por México e instrumentó detenciones temporales con fines de repatriación (Castañeda, 2016).

El control de la frontera con Guatemala y Belice pretendió bloquear los flujos migratorios en general, pero se enfrentó a una problemática mayor con la presencia cada vez más frecuente de menores no acompañados que demandaban atención especial y una mayor coordinación con las autoridades de sus países de origen, todo lo más provenientes de Honduras y El Salvador. El incremento de estos migrantes significó un desafío, para los tomadores de decisiones y para los funcionarios que administraban el programa, ya que cada vez cruzaban más menores no acompañados, entre 2014 y 2015 las detenciones (presentaciones) de esta población muy vulnerable ascendió en un 50 % (Rosenblum & Ball, 2016).

Los análisis sistemáticos, llevados a cabo por estudiosos, del fenómeno migratorio explican, en su mayoría, las oscilaciones en el número de detenciones o el incremento de los flujos migratorios a través de las políticas de contención desde los países de origen, tránsito y destino. Pero pocos de estos análisis consideran el grado de segmentación de estas poblaciones de migrantes en relación con edades, sexo, lenguaje (autóctono regional), situación económica y condiciones de salud.

En la medida que Estados Unidos tome en cuenta esta segmentación de las poblaciones de migrantes y estructure un plan de contención integral en alianza con otros países de tránsito de inmigrantes como México, Guatemala, Belice y El Salvador, es posible que se desincentive más, la dinámica de los movimientos migratorios. Hay casos interesantes de políticas coyunturales que se aplican en un momento, pero que no funcionan en el lago plazo, como fue el caso de los migrantes haitianos y venezolanos que estuvieron de paso por países como Colombia, Chile y Brasil, para, después de un tiempo, atravesar México hacia Estados Unidos.

Cientos de migrantes haitianos que no pudieron cruzar a Estados Unidos hacen una nueva escala de espera en comunidades fronterizas de México, en especial, en Tijuana, Baja California, esperando que las leyes migratorias o las políticas de contención estadounidenses cambien y permitan su ingreso. Los haitianos han tejido sofisticadas redes sociales con paradas estratégicas a lo largo de la travesía hacia Estados Unidos, tal es el caso de los barrios haitianos en República

Dominicana, Chile, Colombia, Brasil, los asentamientos en Tapachula, Chiapas y la «pequeña Haití» en Tijuana, Baja California.

Los migrantes haitianos deambulan desde hace una década por América Latina atravesando lugares inhóspitos como la selvática frontera entre Colombia y Panamá. Miles de estos migrantes con hijos en brazos o sobre sus hombros se adentran en el «istmo por el Tapón del Darién para seguir su trayecto por Centroamérica hacia Estados Unidos como el destino anhelado y México como territorio de tránsito y acogida (temporal) para el éxodo de esa nación caribeña» (Torradorocío, Montes, & et.al., 2021).

La política de contención por COVID-19 y las caravanas

La emergencia provocada por la pandemia de COVID-19 a principios de 2020 posibilitó, a la administración de Donald Trump, oportunidades y excusas perfectas para el impulso planificado de muchos de los objetivos en su política sobre inmigración. En este periodo impuso prohibiciones de viaje y una pausa en la expedición de visados para determinados grupos de extranjeros, además cerró la frontera entre Estados Unidos y México. Pudo limitar o poner fin a los procedimientos de asilo, obligó a los migrantes a la permanencia indefinida en la zona fronteriza y condicionarlos, de ese modo, al sometimiento de sus solicitudes desde el exterior. La medida sanitaria impidió que los solicitantes de asilo se presentaran en los puertos de entrada fronterizos sin contar con una autorización previa de ingreso.

Un comunicado del Departamento de Seguridad Interior (DHS) muestra con claridad la intención de esta política migratoria de contención: «para evitar la propagación del coronavirus, Estados Unidos acordó con Canadá y México limitar todos los viajes no esenciales a través de la frontera». Aducía una estrecha colaboración con estas naciones para «detener la propagación del virus» por lo cual los inmigrantes irregulares que ingresaran por su frontera serían devueltos de inmediato hacia el país por donde entraron. A su vez, la Oficina de Aduanas y Protección Fronteriza (CBP) determinó: no detener ni recluir a los inmigrantes irregulares; en cambio, los regresarían a sus países de origen y, en ciertos casos, los expulsarían a las ciudades fronterizas de México. Esta medida que inició en marzo de 2020 continuó mes a mes a lo largo del curso de la pandemia de COVID-19 (DHS, Fact Sheet: DHS Measures on the Border to Limit the Further Spread of Coronavirus, 2020).

Las medidas de contención migratoria se intensificaron a lo largo de la frontera sur de Estados Unidos. La pandemia permitió a la administración de Donald Trump abordar el tema de las caravanas de inmigrantes y la limitación o inhibición de las solicitudes de asilo. Miles de centroamericanos formaron colectivos en movimiento hacia el norte guiados por la espontaneidad del momento, pero al alcanzar los puertos de entrada un fuerte dispositivo de seguridad le impediría el paso (Gandini, Fernández de la Reguera, & Narváez Gutiérrez, 2020). Las restricciones por «pandemia» desatendieron las razones de estos conglomerados, así como también desestimaron las causas que los motivaron para al emprendimiento del viaje las órdenes administrativas estadounidenses se concentraron en la gestión, administración y detención de su ingreso al país.

Gandini et al., en una investigación sobre las caravanas señala la dificultad de identificar la causa o las causas del desplazamiento «reciente» a través de caravanas o conglomerados de migrantes en movimiento. Pero enfatiza que existen razones fundadas de este flujo migratorio como fracturas sociales (violencia endémica provocada por las actividades criminales, marginación y pobreza), por corrupción política o por desastres naturales (Gandini, Fernández de la Reguera, & Narváez Gutiérrez, 2020).

Los desastres naturales, ambientales o alteraciones por cambio climático se han convertido en un disparador efectivo del factor «push»; un ejemplo que ilustra esta situación es el «Corredor Seco Centroamericano» —que abarca zonas de Guatemala, Honduras y El Salvador—, el cual se ha constituido en una fuerte presión para el desplazamiento forzado de la región. Dicha área ha estado experimentando sequías muy importantes y, como consecuencia, se estima que más de 3.5 millones de personas requieren asistencia humanitaria. Cerca de 82 % de las familias han vendido sus herramientas agrícolas y animales para comprar alimentos y más de una cuarta parte de los hogares no tiene suficientes ingresos para cubrir sus necesidades básicas de alimentación». Casi 10 % de las familias planean migrar en respuesta a esta situación; lo que Gandini considera, contrasta con las medidas de contención de las autoridades migratorias que tratan de inhibir el ingreso irregular de los solicitantes de asilo (Gandini, Fernández de la Reguera, & Narváez Gutiérrez, 2020).

Las caravanas la conforman conglomerados en estado de desesperación, obligados por múltiples razones a abandonar sus lugares de origen en Centroamérica, en especial, de Honduras, El Salvador y Guatemala, aunque durante el recorrido se integran personas de otras nacionalidades que han estado estacionados en otros países de América Latina como Chile y Brasil. La composición de estas poblaciones en tránsito es diversa tanto en género, edad, escolaridad y membrecía a un núcleo familiar.[44]

44 La membrecía a un núcleo familiar, tanto en los países de origen como de destino, es importante para comprender la formación de redes sociales. Las redes sociales disminuyen los riesgos de los migrantes en tránsito. La experiencia muestra que los menores de edad que se arriesgan a emprender la travesía a Estados Unidos tienen familiares o amigos en el país de destino. De acuerdo con esta

Los más vulnerables, dentro de estas poblaciones de migrantes, son los jóvenes adolescentes y menores de edad, la mayoría abandonan sus países de origen debido a la violencia, la pobreza y la persecución política. Algunos de estos migrantes emprenden la travesía sin el acompañamiento y protección de sus familias; otros, solo son «encargados» a traficantes de personas, a parientes cercanos o algún miembro de un colectivo en movimiento (caravana).

Otros viajan en grupo familiar presuponiendo que las autoridades estadounidenses permitirán su ingreso a Estados Unidos o si ingresaran de forma irregular los documentarían como asilados o «darían» algún tipo de permiso.[45] Resulta interesante corroborar que la mayoría de los migrantes centroamericanos tienen conciencia (información actualizada) de que si viajan con sus hijos menores y son detenidos por las autoridades de migración estadounidense, tal vez podrían ser tratados de «manera especial», otorgándoles un permiso de estancia o regresándolos a México, pero no a sus países de origen.

Familias enteras transitan desde sus lugares de origen atravesando varios países exponiéndose a los más acuciantes peligros desde la transportación, el alojamiento, la alimentación, las condiciones sanitarias hasta ser objeto de extorciones o víctimas del crimen organizado, pero no cejan en su cometido

investigación, 5 menores entrevistados, en un albergue de Tijuana, dijeron tener parientes en Estados Unidos.

45 En entrevista que realicé el 17 de marzo (2021) en El Chaparral a 10 familias que fueron deportadas de inmediato a su ingreso irregular a Estados Unidos, 8 indicaron que pensaron «que al entregarse» a las autoridades estadounidenses les darían un documento de estancia con posibilidad de trabajo. Estas entrevistas se codificaron para establecer tres variables, conciencia sobre la aplicación de la ley de migración: antes de salir de su país de origen, durante el tránsito y al ser deportados, todos ellos durante la administración del presidente Joe Biden.

de llegar a Estados Unidos. En ese sentido, para el incremento de su protección, cuando tienen posibilidades, se integran a una caravana la cual es considerada una especie de caparazón protectora que, desde su perspectiva, disminuye los niveles de vulnerabilidad dada la visibilidad mediática de estos conglomerados (Astles, 2016).

En algunos casos, las caravanas se van desintegrando en el camino debido a los múltiples retenes, conflictos con las autoridades de migración de Guatemala o México, o por la dispersión de algunos que optan por otros senderos. En ninguno de los casos, la travesía está exenta de riesgos, extorsiones, secuestros o enfermedades contagiosas, siendo un viaje sinuoso, agotador y peligroso. Los más afectados en su salud mental e integridad física durante el recorrido son las familias que viajan en compañía de sus hijos menores y los menores no acompañados.

Este clima hostil que ha afectado, de manera demoledora, al conjunto de menores que migran, se intensificó con las medidas implementadas por la administración del presidente Donald Trump, la cual diseñó un plan de contención para obligar a los padres a no viajar con sus hijos o evitar que se introdujeran a Estados Unidos, su primera acción fue separarlos de sus hijos, recluir al menor en un centro de detención y expulsar a los padres o ponerlos en otros centros de reclusión alejados del sitio donde fueron detenidos. Una medida que causó un grave problema de reunificación familiar al dificultar que los padres localizaran a sus hijos (SPLC, Family separation under Trump administration a timeline, 2020).

Con la implementación del Título 42 la administración simplificó, en apariencia que no en esencia, el problema. Los menores no acompañados y las unidades familiares fueron expulsados de inmediato, marginando los procedimientos de detención, separación de padres e hijos o a su sometimiento a los requisitos establecidos en el Título 8 secciones 1325 y 1326 que tipifican las sanciones a extranjeros que ingresen de modo irregular a Estados Unidos (*reentry and removed of aliens*).

Como se observa en las estadísticas de la oficina de Aduanas y Protección Fronteriza, hubo un cambio repentino y significativo en abril del 2020; las expulsiones de inmigrantes irregulares fueron sumarias y expeditas. El 20 de marzo de 2020, cuando entró en vigor el Titulo 42, los oficiales de migración del DHS obviaron otros requisitos normativos para detener y remover inmigrantes irregulares; optaron por aplicar la medida sanitaria en lugar del Título 8 del USC.

Las expulsiones de inmigrantes en el mes de marzo por Título 8, aun superiores a las realizadas por Título 42, fueron 23 308 contra 7081, pero al mes siguiente, en abril de ese año las expulsiones por Título 42 fueron 15 003 y por Título 8 1179. Un cambio significativo y progresivo que continuó en ascenso en los meses siguientes, en septiembre de 2020 cuando terminó el año fiscal, las expulsiones por Título 42 fueron 48 327 y por Titulo 8 USC 6444. El Título 42 resultó, para desgracia de los migrantes, un método eficiente, económico y pragmático de expulsión a inmigrantes irregulares. La pandemia, sirvió de pretexto para el cambio de la forma de remoción inmediata de los migrantes internacionales, sin importar su nacionalidad, sino expulsarlos por donde hayan ingresado ya sea México o Canadá.

Gráfica 15. Encuentros migratorios de CBP

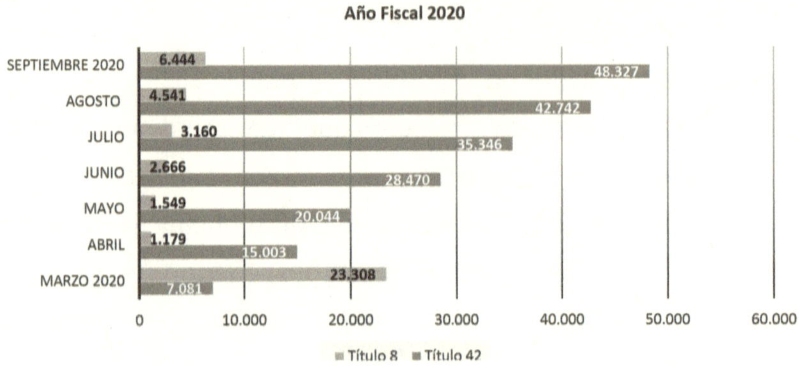

Fuente: Estadísticas de Custom and Border Protection FY 2020[46] (USCBP, 2021)

Para el siguiente año fiscal la tendencia en las expulsiones por Título 42 continuó siendo la misma e incluso se incrementó durante la administración del presidente Joe Biden. Al asumir la presidencia Biden, el 20 de enero de 2021, la migración irregular continuó su tendencia al alza debido a supuestas promesas de que la nueva administración no expulsaría a los solicitantes de asilo. A finales de 2021, las aprehensiones alcanzaron niveles no vistos en 20 años y más de 1.5 millones de personas cruzaron la frontera por primera vez, los agentes de la Patrulla Fronteriza llevaron a cabo expulsiones masivas.

El gobierno de Biden consideró como un reto la gestión de la inmigración irregular e inició una política de expulsión tanto por Título 42 como por Título 8, enfatizando este último y con

46 El año fiscal del Gobierno Federal de Estados Unidos inicia el 1 de octubre y termina el 30 de septiembre de cada año. En este caso, el año fiscal 2020, inició el 1 de octubre de 2019 y terminó el 30 de septiembre de 2020, como se observa en la gráfica la aplicación del Título 42 inició el 20 marzo de 2020 cuando las detenciones por Título 8 aún eran significativas, pero al mes siguiente las expulsiones por Título 42 fueron más relevantes.

lo cual debiera cesar el reingreso múltiple y penalizar a los reincidentes, como se observa que a partir julio del año fiscal 2021 por Título 8 se expulsaron a 106 431 inmigrantes y por Título 42 fueron 94 168. El Título 8 del USC se aplicó con el fin de mandar un mensaje expreso a los indocumentados reincidentes o a quienes ya habían sido penalizados conforme a lo que señala el artículo 1325 de este código y aplicarles el artículo 1326, con penas más severas a los reincidentes. Esas cifras comprenden también expulsiones de menores acompañados (unidades familiares) aunque por «razones humanitarias» algunas unidades familiares no fueron expulsadas (AIC, 2022; ver Gráfica 16).

Gráfica 16. Expulsiones de CBP por Título 42 y por Título 8

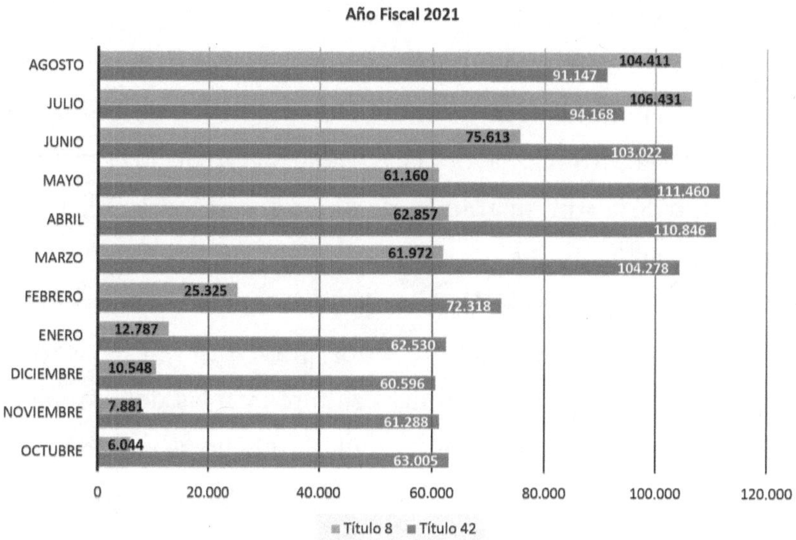

Fuente: Estadísticas de Custom and Border Protection FY 2021 (USCBP, 2021)

Es relevante, para el análisis de la política migratoria de Biden, diferenciar entre la aplicación del Título 42 y el Título 8, en cuanto a los procedimientos de expulsión de migrantes irregulares. En la Gráfica 16, se observa, que a partir de inaugurada la administración de Biden, los procesos de remoción de inmigrantes irregulares se realizan por Título 42 pero, poco a poco, cambia y se realizan por Título 8. La aplicación de este último ordenamiento generó una política pública, en teoría, más humanitaria, en concordancia con las demandas de grupos de derechos civiles que abogan por otorgar el debido proceso a los solicitantes de asilo, pero a su vez sancionar con multas o detención a quienes reingresan habiendo sido expulsados, desincentivando los flujos de migrantes animados por mejoras económicas que intentaron su ingreso sin un temor fundado de persecución. Como se ha descrito, el 70 % de la migración internacional abandona sus países de nacimiento por razones económicas (OIM, 2022).

Dadas las críticas e interpretaciones que se hicieron sobre estas expulsiones el secretario del Departamento de Seguridad Interior Alejandro N. Mayorkas, el 16 de marzo de 2021, delineó la posición de la administración de Biden con respecto a la inmigración irregular.

Acepta que en estos últimos 20 años hay «más individuos» que intentan cruzar a Estados Unidos, por lo que se está «expulsando a la mayoría de los adultos solteros y a las denominadas unidades familiares». Pero deja en claro que no se expulsa a los menores no acompañados. Desde su perspectiva la aplicación del Título 42 obedece a una medida de salud pública dictada por los Centros de Control y Prevención de Enfermedades (CDC) para proteger contra el virus de COVID-19 a los estadounidenses «y a los propios migrantes, incluyendo a los menores» (Mayorkas, 2021).

Mayorkas hace notar (ver Gráfica 16), que desde «abril de 2020, el número de encuentros en la frontera suroeste ha aumentado constantemente». También da a conocer que se están haciendo los ajustes correspondientes en los procedimientos de expulsión de inmigrantes irregulares, con el fin de identificar su perfil demográfico, su nacionalidad y la situación que los obligó a emigrar con la finalidad de gestionar de forma distinta los «diferentes tipos de encuentros fronterizos» (Mayorkas, 2021).

En este sentido, las detenciones de los adultos solteros (no unidades familiares) se procesan de inmediato «bajo la autoridad de los CDC» y se administra con celeridad su expulsión para cumplir con los lineamientos «de salud pública establecidos a raíz de la pandemia de COVID-19».

Las expulsiones y detenciones (encuentros fronterizos), según el Título 42, se corresponden con los flujos de migrantes procedentes de México y de los países del Triángulo del Norte (El Salvador, Guatemala y Honduras) quien «son expulsados, al instante, a México».

Por cierto, aclara Mayorkas, que los adultos «solteros de otros países son expulsados por avión a sus países de origen si México no los acepta» (Mayorkas, 2021). El desafío en el contexto de las expulsiones representa un gran reto ya que, en marzo, combinadas las expulsiones por Título 42 y Título 8, fueron 162 250, tanto de adultos mayores como de menores no acompañados y las denominadas unidades familiares.

Gráfica 17. Expulsiones segmentadas de CBP por Título 42 (FY, 2021)

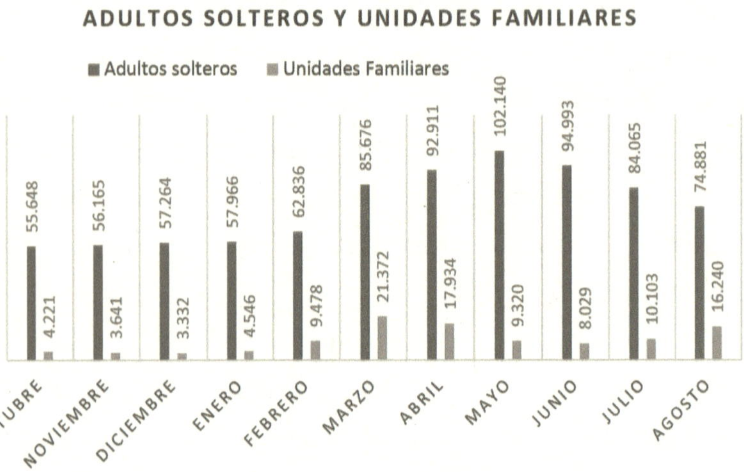

Fuente: Custom and Border Protection FY 2021 (USCBP, 2021)

El comunicado del secretario de Seguridad Interna destaca que las familias expulsadas a las ciudades fronterizas del norte de México bajo la autoridad del Título 42 se corresponden con las de nacionalidad mexicana y las provenientes de países de Centroamérica.

Los menores no acompañados expulsados bajo la autoridad del Título 42 durante el año fiscal de 2021, descendieron con notoriedad, en octubre de 2020 la cifra se situó en 3136, en noviembre en 1482, en diciembre fue de cero y aminoró en los meses siguientes; en enero de 2021 solo 18, en febrero solo 4, en marzo ninguna remoción, en abril un solo expulsado y ninguno en los meses de mayo, junio, julio y agosto (USCBP, 2021).

Desde los inicios de la administración de Joe Biden las autoridades estadounidenses de migración establecieron procedimientos especiales en los llamados «encuentros migratorios» de menores no acompañados con el fin de permitirles continuar con su solicitud de asilo mediante un breve cautiverio en un albergue administrado por el HHS y después, en libertad, bajo la tutela de un pariente. Las circunstancias en las que se encuentran estos menores debido a su vulnerabilidad son variadas y a menudo complejas (como ya se ha expuesto).

Algunos pueden expresar temor a la persecución o haber violentado sus derechos humanos o haber sido sujetos de actos de violencia o ser desplazados por desastres naturales, inestabilidad política y pobreza extrema en sus países de origen. Otros pueden haber sido enviados al norte, bajo su consentimiento o no, por sus padres, tutores o familiares para asegurarles un mejor futuro en Estados Unidos. Unas semanas después de que el presidente Joe Biden asumiera su cargo, el número de menores no acompañados que llegaban a la frontera entre México y Estados Unidos se disparó.

Las solicitudes de asilo de los menores no acompañados son procesadas por distintas agencias y la mayoría de las veces no cuentan con el consejo legal de un abogado especializado, sobre todo cuando presentan su caso ante un juez de inmigración de la Oficina Ejecutiva de Revisión de Inmigración del Departamento de Justicia. Resulta paradójico que sea un juez dependiente del Departamento de Justicia el que resuelva un caso de asilo y no un juez integrante del poder judicial, para equilibrar el proceso: *check and balance!*

La TVPRA[47] insta al gobierno a garantizar el apoyo legal a los niños migrantes, pero como los casos de inmigración son

47 Una decisión judicial de 2015 relacionada con el caso Flores (antes citado) y la Ley de Reautorización de la Protección de las Víctimas de la Trata de Personas (TVPRA) de 2008, codificaron medidas para proteger a menores y los funcionarios gubernamentales están obligados a tener bajo custodia a los menores menos de un mes. Sólo pueden retenerles más tiempo en situaciones de emergencia, como en los momentos en que el ingreso de menores inmigrantes se dispara (State Gov, 2018).

procedimientos civiles, no hay garantía de asesoría legal. Durante el año fiscal 2020, el 66 % de los casos relacionados con menores no acompañados dieron lugar a órdenes de deportación (Justice Gov., 2021).

Aunque los protocolos y los procedimientos en el trato de menores son muy claros, la situación real es otra (debido en parte al volumen masivo de ingresos irregulares) miles de menores permanecen en instalaciones de la Patrulla Fronteriza (centros de detención para adultos), a menudo más tiempo del límite de 72 horas que establece la ley federal. El protocolo indica que después de que los agentes de la Patrulla Fronteriza tienen bajo su custodia a menores no acompañados deben entregarlos al Departamento de Salud y Servicios Humanos (HHS), que es la entidad responsable del cuidado de los menores migrantes. Pero debido a la pandemia de coronavirus, el Departamento de Salud tuvo menos sitios disponibles para albergar menores. Esta situación se tradujo en afectaciones a las poblaciones de menores migrantes, debido al hacinamiento, el estrés psicológico, la falta de personal capacitado para atenderlos, alimentarlos y proporcionarles un servicio de salud adecuado.

A finales de marzo de 2021, en un reportaje de la cadena de televisión CNN se dijo que el número de niños no acompañados bajo custodia de la Patrulla Fronteriza alcanzó un máximo de casi 6000. «Es el punto más álgido de la crisis fronteriza de 2019 —cuando había instalaciones superpobladas y niños durmiendo en el suelo—, había alrededor de 2600 menores no acompañados bajo custodia de la Patrulla Fronteriza» (Alvarez, 2021).

El secretario Mayorkas menciona que uno de los principales problemas que ha enfrentado la administración de Biden son los menores no acompañados de menos de 6 años que cruzan solos la frontera sur: «son los más vulnerables». Otro dato relevante es que «en más del 80 % de los casos, el menor tiene un familiar en Estados Unidos. Más del 40 % de los casos, ese familiar es uno de los padres o el tutor legal. Se trata de menores que desean la reunificación familiar» (Mayorkas, 2021).

Como —un supuesto— beneficio de eficiencia, dirigido a los menores migrantes que se han quedado varados en México, algunos forzados bajo la administración anterior a permanecer en las ciudades fronterizas mexicanas, el secretario Mayorkas dice que: «sus casos se procesan a través de una plataforma virtual —usando sus teléfonos— para registrarse. Los solicitantes son examinados, procesados y transportados a un puerto de entrada de forma segura y fuera de las manos de los traficantes...» se ha «conseguido procesar a todos los migrantes que estaban en el campamento de Matamoros, en México». Esta hoja de ruta supone un avance «hacia un sistema que sea seguro, ordenado y justo» (Mayorkas, 2021).

Según investigaciones independientes el problema actual sobre el bienestar de los menores sigue siendo complejo, pero no semejante a la administración previa (Trump) que según opinión de expertos tuvo una escala de crisis humanitaria, por las condiciones en las que se encontraban los albergues en donde alojaban a los menores no acompañados. La situación todavía no se ha superado debido al flujo masivo de inmigrantes, las instalaciones utilizadas por el Departamento de Salud y Servicios Humanos (HHS) no tienen las condiciones que debieran para albergar a menores; los comedores son inadecuados, la atención médica insuficiente, no hay el número de catres necesarios, faltan cobertores, cambios de ropa, espacios y áreas de esparcimiento al aire libre y personal especializado. Los menores viven hacinados, en algunos casos están enfermos, aunque ya no duerman en el piso (Rappaport, 2021).

Durante la administración del presidente Trump, los padres solicitantes de asilo, en su mayoría de Centroamérica, fueron deportados de inmediato bajo el argumento legal del Título 42. Tomando en consideración la percepción emanada del *pensamiento crítico* y respaldada por los organismos no gubernamentales, la reglamentación implementada por «supuestas razones sanitarias» es contraria a los ordenamientos legales que protegen al solicitante de asilo y contraviene el debido proceso al que tienen derecho, tanto los menores como sus familias. Algunos de los familiares de estos menores fueron detenidos en California y expulsados por las garitas de la Oficina de Aduanas y Control fronterizo (CBP) localizadas en Texas u otros puntos de expulsión en Arizona o Nuevo México.

En algunos casos fueron deportados a sus países de origen contraviniendo las disposiciones legales contenidas tanto en la legislación estadounidense como en el derecho internacional sobre refugiados. Otros, expulsados por ciudades fronterizas de Tijuana, Ciudad Juárez, Laredo, Reynosa, Del Rio u otros sitios considerados dentro del «Programa Permanecer en México», que según grupos de derechos humanos incrementa la vulnerabilidad de los menores. En algunos casos los padres perdieron la ubicación de sus hijos (ACLU, Title 42, 2021).

La administración del presidente Joe Biden trató de resolver esta situación con procedimientos legales y protocolos humanitarios que, muchas de las veces, son soluciones a muy largo plazo, pero la inmediatez que amerita la solución de este problema deja a los menores en situación de vulnerabilidad. Por ley, el Departamento de Salud y Servicios Humanos de Estados Unidos (HHS) tiene la custodia y debe protege a cada uno de los migrantes menores de 18 años que no tengan estatus migratorio legal ni padres o tutores legales en Estados Unidos, según estipula el Título 6 del código estadounidense (*USC*) Sección 279(g)(2) (Legal Information Institute, 6 U.S. Code § 279 - Children's affairs, 2021).

La mayoría de los menores no acompañados emprenden la travesía mezclándose entre las multitudes de migrantes que componen una caravana. Otros, van acompañados de sus padres que también se incorporan a estas caravanas, como un recurso de seguridad, para salvaguardar su integridad física frente a los múltiples peligros potenciales y reales que se presentan durante su larga travesía por México. Las afectaciones a las poblaciones de menores migrantes y a los menores no acompañados se intensificaron durante la vigencia del Título 42, Sección 265 del USC por parte de la administración del presidente Donald Trump (Homeland Security, 2021). Es un hecho que la administración del presidente Biden enfrentó múltiples desafíos para levantar la aplicación de la medida sanitaria del Título 42, pero decidió decretar su conclusión a través de una orden ejecutiva.

Desde el inicio de su administración se formaron caravanas de haitianos, muchos procedentes de Sudamérica, que intentaron cruzar de forma irregular la frontera binacional México-Estados Unidos, el impacto mediático le generó duras críticas a su gestión del problema migratorio. Queda aún dentro del panorama político nacional que la aplicación de esta medida sanitaria del Título 42 representó un nuevo esquema, una nueva herramienta, o instrumento de contención migratoria.

A través de este libro se hacen algunas referencias legales que muchas de las veces requieren una explicación más precisa, en ese sentido, se incorporó una sección sobre la normatividad estadounidense para aquellos que deseen adentrarse en el tema.

La normatividad sobre inmigración

La normatividad jurídica estadounidenses es piramidal. En el vértice superior se encuentra la Constitución de ahí emanan códigos, leyes, reglamentos y disposiciones administrativas. Las ramas constitucionales del gobierno federal son el poder legislativo, el ejecutivo y el judicial, existen una serie de derechos civiles que en su momento fueron adoptados a través del Compromiso de Massachusetts. Por lo que, la constitución se compone de dos partes fundamentales: una correspondiente a los poderes del estado y otra a las garantías, a los derechos individuales. Lo que en la Constitución de México se conoce como: la parte orgánica y la dogmática.

El preámbulo de la Constitución estadounidense es crucial: «Nosotros, el Pueblo de los Estados Unidos, con el fin de formar una Unión más perfecta, establecer la Justicia, asegurar la Tranquilidad interior, proveer a la defensa común, promover el Bienestar general y asegurar los Beneficios de la Libertad para nosotros mismos y para nuestra Posteridad, ordenamos y establecemos esta Constitución para los Estados Unidos de América». Porque el pueblo tiene una representatividad real a través del voto en la conformación de los poderes ejecutivo, legislativo y judicial.

La fuerza de la norma proviene de su legitimación desde el poder legislativo y promulgada por el ejecutivo. La normatividad se ejecuta por los órganos institucionales de gobierno (poder ejecutivo) y su ejecución está delimitada y revisada (derechos y garantías) a través de instancias judiciales (poder judicial) y aplicadas de nuevo por las instituciones a través del código de reglamentaciones federales (Code of Federal Regulations). Esa misma estructura permite a los órganos jurisdiccionales aplicar e interpretar la normatividad, bajo los supuestos de equilibrio, inocencia y representatividad. La Ley de Inmigración y Nacionalidad emanada del Congreso se complementa de forma estatutaria con el Título 8 del Código de los Estados Unidos y el Título 8 del Código de Reglamentaciones Federales (CFR, por sus siglas en inglés).

Hart, en su estudio conceptual sobre el derecho (correspondiente a la corriente positiva) sostiene que la obligación de los individuos es observar la ley; y, esta obligatoriedad, es el fundamento de la jurisprudencia (Hart, 1994), contenido estatutario.

Es un hecho innegable que, los flujos migratorios irregulares hacia Estados Unidos se producen por múltiples razones, las causas pueden o no estar estipuladas por la normatividad en la materia, pero una vez dentro de ese país, la figura de inmigrante indocumentado o en situación irregular depende de la «carga de la prueba» y, de esta forma puede ser o no considerado fuera de la ley. El principio de inocencia es un derecho fundamental del individuo sin importar raza o nacionalidad. Los argumentos de la «trasgresión legal» deben comprobarse y para ello existe el debido proceso. Durante una detención, un presunto culpable alegará argumentos de inocencia, o en su caso para no incriminarse, solicitará una audiencia judicial. El proceso tiene sus bemoles cuando se habla de cuestiones migratorias donde la «carga de la prueba» recae en el inmigrante.

De esta manera la aplicación del Título 42 determinaba *ex ante* del debido proceso la culpabilidad y se aplicaba la expulsión por «entrada ilegal» a pesar de que el inmigrante pudiera ser o no víctima o tener un caso fehaciente de persecución. El principio de presunción de inocencia se violentaba. También en la época de COVID-19 un inmigrante (potencial solicitante de asilo) podía llevar consigo una prueba negativa de COVID-19 pero de todas maneras se le expulsaba bajo el argumento de la existencia de «procedimientos establecidos en la plataforma digital específica sobre solicitudes de asilo y obtener un permiso de entrada previo».

Un ordenamiento jurídico de protección —en materia de migración— es bilateral porque conlleva obligaciones y una serie de supuestos que van desde su protección hasta el ajuste de estatus, o en sentido contrario, la remoción y la exclusión por varios años.

El poder ejecutivo en turno, a través de sus órganos institucionales de procuración de justicia, actúa conforme lo dispone la normatividad la cual podría configurarse como una pirámide jurídica (ver Cuadro 3). Los inmigrantes pueden estar dentro de los supuestos jurídicos que emanan de esta compleja estructura.

En consecuencia, los conceptos normativos están en constante cambio y los procesos de aseguramiento y repatriación de inmigrantes irregulares a través de «salida voluntaria» o deportación, tienen nomenclaturas distintas y son cada vez más complejos. Por tales razones, resulta importante —para los abogados defensores— su actualización estatutaria a propósito de las resoluciones judiciales y las disposiciones del ejecutivo (insertas en el Federal Register o en el Code of Federal Regulations). Todas las reformas legislativas a las leyes y los precedentes de las resoluciones judiciales pueden modificar, tanto los ordenamientos estatutarios contenidos en el Título

8 USC como las disposiciones administrativas establecidas en el Código de Reglamentaciones Federales del Título 8 que cada cierto tiempo se modifican.[48]

Un abogado sabe que el deseo de inmigrar a Estados Unidos conlleva múltiples procesos que van desde un simple visado de no inmigrante hasta derechos emanados del sistema de preferencias o de una situación que ponga en riesgo la integridad física y mental de una persona.

En Estados Unidos hay tres formas que consagran el derecho de asilo: el proceso afirmativo; la entrevista de méritos de asilo donde se demuestra, con veracidad, un temor creíble de persecución; y, el proceso de defensa de asilo que se da cuando una resolución es negativa a la solicitud de asilo y, entonces, hay que apelar. Tomando en consideración la presunción de inocencia, un indocumentado puede estar sujeto a una remoción expedita por parte de una autoridad de migración, pero si indica su intención de solicitar asilo, porque expresa un temor fehaciente de persecución o tortura, o su vida peligraría en caso de ser repatriado, la expulsión puede detenerse y, su caso, transferido a otras instancias para que entonces presente las pruebas que acreditan su alegato. En este último supuesto podría recibir un permiso de estancia provisional o ser puesto en libertad condicional para que luego (en el transcurso de un año) presente su caso ante una autoridad competente en materia de asilo del USCIS.

48 Las disposiciones generales de las leyes promulgadas por el Congreso se interpretan y aplican mediante reglamentos emitidos por diversos organismos del poder ejecutivo. Estos reglamentos se aplican a situaciones cotidianas. Una vez publicados en el Registro Federal (*Federal Register*), los reglamentos se recopilan y se publican en el Código de Reglamentos Federales, conocido como CFR, por sus siglas en inglés.

Por lo cual resultan interesantes los diálogos entre integrantes de caravanas de migrantes que se postran frente a autoridades de migración en los puertos de entrada argumentando que desean ingresar a Estados Unidos porque «llevan muchos días de travesía sin comer, sufriendo diversas inclemencias y peligros, y que hay niños y mujeres embarazadas entre ellos». El oficial de inmigración tiene la obligación de aplicar la ley vigente. No cabe ningún argumento que no esté contemplado dentro de los ordenamientos legales.

Cuadro 3. Estructura piramidal del derecho de EE. UU.

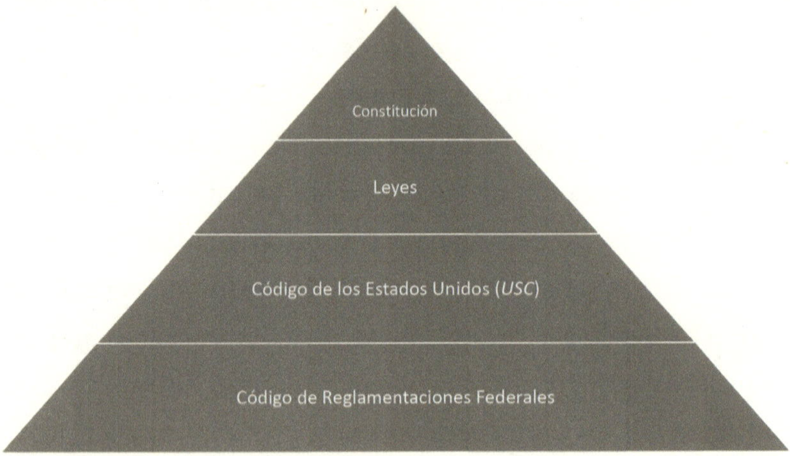

Fuente: (United States Deparment of State, 2004. Elaboración propia

Es preciso referir que *las disposiciones*, son leyes promulgadas por el Congreso según lo establece el Art. 1° de la Constitución de los Estados Unidos: El Congreso está facultado para promulgar las leyes que considere «necesarias y apropiadas» para la ejecución de los poderes otorgados al gobierno, en virtud de esta disposición se interpretan y ejecutan por resoluciones judiciales

En materia migratoria, los jueces dependen del Departamento de Justicia del poder ejecutivo y emiten resoluciones de acuerdo a las disposiciones contenidas en el Título 8 del Código de Estados Unidos y sus reglamentos operativos del Code of Federal Regulations (CFR, por sus siglas en inglés) Title 8 CFR.[49] Este último considerado un ordenamiento temático paralelo al Título 8 del Código de los Estados Unidos (US Code Title 8, por su nomenclatura en inglés) así como un instrumento procedimental de los oficiales de migración de Estados Unidos. Por cierto las disposiciones del CFR siempre están en revisión y son actualizadas cada cierto tiempo, algunas permanecen vigentes aún después de su modificación y pueden ser impugnadas o rechazadas en procedimientos judiciales por instancias superiores o por controversias estatutarias.

El Título 8 USC, corresponde a Extranjería y Nacionalidad (*Aliens and Nationality*), capitulo 12 Inmigración y Nacionalidad, Subcapítulo II, Inmigración, Parte II, Sección 1182 establece exclusiones o inadmisibilidad de ciertos extranjeros por razones de: salud, penales, prostitución, tráfico de personas, salud mental, terrorismo, transgresores de las libertades religiosas, lavado de dinero, carga pública, trabajadores sin certificación laboral, indocumentados, etc. Dentro de este capítulo de la ley (USC) considera excepciones y desistimientos (*waivers*) por diversas

49 La edición anual del Código de Reglamentos Federales (CFR) es la codificación de las normas generales y permanentes publicadas en el Registro Federal por los departamentos y agencias del Gobierno Federal. Se divide en 50 títulos que representan amplias áreas sujetas a la regulación federal. Los títulos temáticos contienen uno o más volúmenes individuales, que se actualizan una vez cada año natural, de forma escalonada. El ciclo de actualización anual del Título 8 del CFR se revisa el 1 de enero; el Título 42 del CFR se revisa el 1 de octubre. Cada título se divide en capítulos, que suelen llevar el nombre del organismo emisor.

razones, entre las que se destacan menores y solicitantes de asilo (GovInfo, 2021).

Los procedimientos de expulsión de inmigrantes irregulares por parte de las autoridades de migración han sufrido reformas. Un agente de la Oficina de Aduanas y Control Fronterizo (CBP), un oficial del Servicio de Inmigración y Ciudadanía (USCIS, por sus siglas en inglés) o un juez de inmigración pueden expulsar a un inmigrante si así lo determinan. Estas expulsiones se sustentan en disposiciones jurídicas dentro de las categorías de inadmisibilidad contenidas en los ordenamientos jurídicos antes señalados, e incluso personas documentadas con visado de no inmigrante o residencia permanente pueden también ser removidas de Estados Unidos si cometen un delito grave, tres delitos menores, sobrepasan la temporalidad autorizada o trabajan sin contar con la autorización correspondiente (USCIS, Chapter 4 - Permanent Bars to Good Moral Character, 2021).

La Oficina de Inmigración y Aduanas[50] (ICE, por sus siglas en inglés) expulsará al inmigrante irregular, casi de inmediato, dentro de un plazo perentorio de 90 días de conformidad con las disposiciones 241(a)(1)(A) de la Ley de Inmigración y Nacionalidad (INA) y del Título 8 USC. § 1231. En algunos casos cuando se lleva a cabo una redada de inmigrantes indocumentados la mayoría está sujeta a procesos de expulsión (remoción) después de fotografiarles, tomar sus huellas dactilares y, sus datos generales (biométricos), aunque hay casos y circunstancias especiales con detenciones de más de 90 días (Legal Information

50 La traducción al español de Immigration and Custom Enforcement (ICE) difiere en textos y notas periodísticas, porque el concepto de «enforcement» conlleva la ejecución de las disposiciones legales de procuración de justicia, en esta investigación ICE se considerará como Oficina de Inmigración y Aduanas

Institute, 8 CFR § 241.14 - Continued detention of removable aliens on account of special circumstances, 2020; INA, 2021; USC, 2021).

La persona expulsada se le considera «inadmisible» situación que se prolonga, en ocasiones, durante varios años, dependiendo del motivo por la cual fue removida.

En algunos casos al inmigrante irregular se le otorga la «salida voluntaria» que le permite salir de Estados Unidos por su propia cuenta dentro de un determinado período de tiempo o ser repatriado por una autoridad consular o migratoria después de acordar el procedimiento, es una forma discrecional de relajar el retorno o repatriación del indocumentado. La ley contiene ciertos requisitos de elegibilidad para otorgar la salida voluntaria. Los inmigrantes que cumplen una condena penal no califican para obtenerla o solicitarla, así como tampoco los que están bajo proceso judicial (Cornell Law School, 2020).

A fin de mantener uniformidad en la utilización de los términos como deportación, exclusión, o remoción se consideran las reformas de 1997 a la Ley de inmigración que cambiaron la terminología empleada en procedimientos de expulsión o remoción (*removal*). Con esta modificación del 1° de abril de 1997, los procedimientos de deportación y exclusión fueron sustituidos por procedimientos de remoción o expulsión conforme a INA §§ 239, 240, 8 C.F.R. §§ 1003.12 et seq., 1240.1 et seq. Aunque, los Jueces de Inmigración siguen llevando a cabo procedimientos de deportación y exclusión en los casos que iniciaron antes del 1° de abril de 1997.

Los procedimientos de remoción son semejantes a los procedimientos de deportación y exclusión, sin embargo, el proceso de deportación inicia cuando un oficial de DHS (ICE o CBP) envía una orden de presentación por correo certificado para que el inmigrante se presente ante un Juez de Inmigración «para demostrar causa» (*to show cause*). Este procedimiento también se iniciaría si el inculpado es presentado ante un juez de migración por un oficial de procuración de justicia.

En un procedimiento de deportación (en especial, durante la audiencia), el acusado tiene la carga de la prueba y tiene que demostrar con certeza, su defensa. Por ejemplo, que solicita asilo porque su vida corre peligro en su país de origen, que fue víctima de un crimen o desea ser testigo material de un delito. El oficial de DHS iniciaría el proceso de deportación si considera que el migrante cae dentro de las categorías de exclusión de la Ley de Inmigración y Naturalización (INA) o del Título 8 USC o ha sido procesado por un delito grave del fuero común o tres delitos menores (*misdemeanors*). La mayoría de las veces el migrante es removido, sin que inicie el proceso de deportación (USDOJ, 2021), pero en el caso de los menores no acompañados la situación es diferente, el oficial de DHS tiene un tope de 72 horas para ponerlo bajo custodia del HHS.

Otro aspecto fundamental en la terminología es la diferencia entre asilado y refugiado. Hay variantes que definen cada uno de los términos dependiendo del procedimiento. Así pues se distingue que: una persona que solicita asilo en Estados Unidos se denomina asilado. Una persona que solicita protección mientras está en el extranjero y luego se le da permiso para entrar a Estados Unidos es refugiada. En algunas ocasiones hay confusión entre los inmigrantes quienes manejan los términos de forma más invariable, suelen llamarse «asilados» o «refugiados». Quizá se deba a que los asilados y refugiados deben cumplir las mismas normas básicas, pero solicitan el estatus de forma diferente. La definición de refugiado se encuentra en la Sección 101(a)(42)(A) de la Ley de Inmigración y Nacionalidad (INA.) o 8 USC. § 1101(a)(42)(A) ambas reglamentaciones definen y clarifican el término (DHS, 16 de diciembre del 2021).

El término «refugiado»: «(A) se le adjudica a una persona que se encuentra en un país diferente al de su nacionalidad o, en el caso de una persona que no tenga nacionalidad (apátrida), que se encuentre en cualquier país en donde haya residido por última vez y que no pueda o no quiera acogerse a la protección de dicha nación debido a un temor fundado de persecución por motivos de raza, religión, nacionalidad, pertenencia a un grupo social determinado u opinión política...».

Obtenido el estatus de refugiado o asilado, los derechos de ambos son similares, pero no idénticos. Para solicitar el estatuto de refugiado, la persona, en la mayoría de los casos, se pone en contacto con el Alto Comisionado de las Naciones Unidas para los Refugiados (UNHCR, agosto del 2021).

En cambio, el proceso de solicitud de asilo en Estados Unidos, por lo general es realizado por una persona que se encuentra dentro del país como indocumentada pero que no ha sido detenida y sometida a un proceso de remoción por lo que puede presentar una «solicitud de asilo afirmativa» a través del formulario I-589 emitido por el Servicio de Ciudadanía e Inmigración de Estados Unidos (USCIS, por sus siglas en inglés; DHS, 12 de febrero del 2022). Es importante reseñar que la persona al momento de ingresar a Estados Unidos tiene un año para iniciar el trámite de asilo ante el USCIS por medio del formulario I-589 «requisitado» como es debido.

Es posible que un solicitante de asilo bajo un proceso de remoción someta su caso ante un juez de inmigración que presida la audiencia solicitada. Otros solicitan el asilo en los puertos de entrada, pero eso resulta un reto por las siguientes razones:

1. Es probable su sometimiento a un proceso expedito de remoción por lo cual estarían impedidos para otra solicitud de ingreso hasta que cumplan de 5 a 10 años fuera del país —pero pueden pedir una «salvaguarda», «perdón» o «*waiver*» ante el Departamento de Justicia—.
2. Es factible su expulsión en virtud de una medida sanitaria como lo fue el Título 42 y *estar fuera del país* por un largo período —exceptuando a menores no acompañados— o quienes están en México bajo los Protocolos de Protección a Migrantes (MPP).
3. A ciertos extranjeros es posible aplicarle los Protocolos de Protección al Migrante (Política de «Permanecer en México») que obliga a los solicitantes de asilo a permanecer fuera de Estados Unidos y tramitar vía internet o por medio de un abogado, esperando a que se otorgue su «cita» para una entrevista con un oficial de inmigración. La Administración Biden intentó derogar los MPP en 2021, pero un tribunal federal ordenó que se restableciera y se mantuviera vigente, más adelante, en la conclusión se ahonda al respecto (DHS, 12 de febrero del 2022).

Los refugiados tienen derecho a permanecer en Estados Unidos, de modo indefinido (al menos hasta que las condiciones en su país de origen vuelvan a la normalidad). Reciben un permiso de trabajo y diversas formas de ayuda gubernamental durante los primeros meses de estadía en Estados Unidos. También pueden realizar trámites para que su familia directa ingrese a Estados Unidos y permanezca con ellos (mediante el formulario I-730 del USCIS). Al cabo de un año de su entrada, pueden solicitar el estatus de residente permanente en Estados Unidos (la llamada tarjeta verde —que es de otro color—); alrededor de cuatro años después de la obtención de dicho estatus es posible el trámite para la otorgación de la ciudadanía estadounidense por medio de la naturalización.[51]

51 Es explicito que como Titular del Consulado de México en Santa Ana, California, he entrevistado a múltiples personas que ingresan a través de un puerto fronterizo de entrada —toda información sensible la reservo por razones de privacidad—, pero es práctica común de las autoridades estadounidenses entregar a ciertos solicitantes una forma I-94 (en copia fotostática) y una hoja informativa en donde le indican que tienen un año para presentar (*to file*) el formulario I-589 a fin de que inicien su proceso de asilo. Es un acto humanitario ante el cúmulo y volumen de solicitudes de asilo en los puertos de entrada.

Conclusión

Este acercamiento somero a la problemática de la aplicación del Título 42 como una política restrictiva a la migración internacional ofrece dos líneas conceptuales opuestas: la ortodoxa-positivista (normativa) y la iusnaturalista-humanista. A partir de estas dos concepciones los migrantes internacionales que ingresan, de manera irregular, son objeto de acciones coercitivas o gestiones de defensa y representación legal. Queda claro que la aplicación del Título 42, como medida sanitaria de prevención excede su objetivo y se instala como un instrumento de política pública de contención y de rechazo de la migración irregular.

La cantidad de migrantes internacionales expulsados bajo la autoridad del Título 42 han rebasado las detenciones y expulsiones por Título 8, porque el esquema de rechazo inmediato es más pragmático y eficiente que distraer esfuerzos y tiempo de los agentes del CBP, en labores de oficina levantando datos biométricos, abriendo carpetas de investigación e iniciando procesos de remoción. Incluso si se aplicara el Título 8, en las secciones 1325 y 1326, los migrantes irregulares reincidentes en lugar de ser expulsados, terminarían recluidos en centros de detención federal o en cárceles locales y/o centros penitenciarios privados subcontratados por el Buró de Prisiones o el Servicio de Migración y Ciudadanía.

Se inquiere: ¿las siguientes administraciones, posteriores a la de Joe Biden, continuarán aplicando el Título 8 como política disuasoria ante el inminente crecimiento exponencial de los flujos migratorios internacionales con destino a Estados Unidos? La experiencia europea, demuestra lo contrario, porque ni las vallas, ni los cercos marítimos, ni las víctimas fatales de hundimiento de embarcaciones, ni el crimen organizado, ni los gases lacrimógenos, ni la fuerza pública ha logrado detener el éxodo masivo de migrantes procedentes de África, Asia y Medio Oriente.

Es probable que la aplicación del Título 8 no sea suficiente para la desactivación de la migración internacional irregular ni las acciones que ejecute el poder, ni tampoco la promulgación de leyes severas por parte del Congreso. Queda como antecedente las acciones punitivas de la administración de Clinton (IIRIRA) y la alternativa de Obama ante sus propias limitaciones políticas frente al Congreso con las órdenes ejecutivas: Deferred Action for Childhood Arrivals (DACA) y la Deferred Action for Parents of Americans and Lawful Permanent Residents (DAPA) sustentadas como la «zanahoria» frente el «garrote» de la política migratoria.

Otra pregunta obligada es: ¿hasta qué punto el Título 8 no ocasionará mayores efectos negativos en las poblaciones de migrantes menores tal y como sucedió con la aplicación del Título 42, que en sus inicios detuvo y expulsó a menores no acompañados? La experiencia demuestra que la expulsión de menores no acompañados y a unidades familiares disminuye, pero no desactiva los incentivos de migrar. Por otra parte, la detención provisional de menores no acompañadas, a la espera de la reunificación familiar, incentiva el tráfico de personas y genera acciones de ignominia y castigo a las poblaciones más vulnerables por parte de autoridades y miembros del crimen organizado.

Por otra parte, las expulsiones expeditas de un número importante de migrantes, sin el levantamiento de datos y el incremento de sanciones, intensifica los «encuentros migratorios» protagonizados por los migrantes que reingresan cada vez que pueden a Estados Unidos. Los migrantes padres de familia que tienen a sus hijos recluidos en albergues del HHS están muy motivados para ingresar por vías no regulares a Estados Unidos, todas las veces que sea necesario hasta lograrlo porque, hasta el momento, no existe en la normatividad vigente algún precepto que otorgue un permiso (*parole*) que permite al progenitor acudir en busca de su hijo.

Esta situación queda plasmada en el número de detenciones y expulsiones acumuladas (Título 42, Título 8 y otros ordenamientos jurídicos) que las autoridades migratorias estadounidenses denominan «encuentros migratorios», cuya finalidad es dejar en claro que no hay un aumento en la inmigración irregular sino contabilizar el número de intentos que un mismo migrante realizaría durante un período determinado ya que un expulsado reingresa a Estados Unidos las veces que considere necesario hasta logarlo.

Es destacable que la nomenclatura de encuentros migratorios reduce la magnitud de la problemática migratoria, en cuanto a que el número de inmigrantes que tratan de ingresar a Estados Unidos como indocumentados pudiera, de otro modo, dar la idea de que estos están incrementándose constantemente. Un mismo indocumentado trata de ingresar varias veces hasta lograrlo, lo cual no significa que el número de encuentros se traduzca en un incremento en los flujos de inmigrantes irregulares.

Cuando se habla de cientos, miles o millones de indocumentados o migrantes irregulares en realidad se trata de un mismo conglomerado que intenta ingresar varias veces a Estados Unidos hasta lograrlo. Por eso el DHS asume que del total de encuentros migratorios solo un porcentaje cercano al 40 % es detenido y expulsado, el otro tanto por ciento corresponde a los ingresos irregulares. ¿Por qué estos inmigrantes adultos lo intentan varias veces? Quizá porque sus hijos menores ingresaron a Estados Unidos de manera irregular, ya sea por medio del apoyo de traficantes de personas o lo hicieron en compañía de familiares o amigos, también pueden encontrarse con algún familiar o patrocinador y ahora van a su encuentro.

La aplicación del Título 42 no solo impuso un cierre temporal de los puertos de entrada fronterizos como medida precautoria frente a la crisis pandémica de la COVID-19, sino a su vez condicionó a los solicitantes de asilo a iniciar el trámite desde el exterior. Algunos, de modo subrepticio ingresaron, pero se encontraron con la expulsión expedita, quedando en el limbo por varias semanas, otros recibieron asesoría de integrantes de la sociedad civil u organismos internacionales como la ACNUR. Pero los extensos procesos burocráticos, las inclemencias del tiempo, la falta de recursos económicos, la precariedad del habitad, las enfermedades virales y gastrointestinales, los abusos sexuales, las extorsiones, los robos; etc., minaron el estado de ánimo de los migrantes y la paciencia de unidades familiares y menores no acompañados. Adolescentes y, en algunos casos, menores de 7 a 12 años, con apoyo de amigos, parientes o traficantes de personas ingresaron de manera irregular a Estados Unidos con el objetivo de lograr la reunificación familiar.

Lou Correa, congresista estadounidense (Distrito 46 de California), me compartió sus puntos de vista sobre la problemática de la aplicación del Título 42, dijo que: esta medida sanitaria afectó el bienestar de las poblaciones de migrantes, en especial, a los menores no acompañados y a los menores integrantes de las denominadas unidades familiares, los cuales fueron expulsados a México por la administración del presidente Trump. Comentó que: visitó, en su momento, el campamento de El Chaparral en Tijuana, Baja California y que los menores vivían en condiciones «muy precarias, sin condiciones de higiene, mala alimentación, hacinamiento y expuestos a todo tipo de abusos y extorsiones». Aseveró que: los padres tienen que pagar altas sumas de dinero en dólares a traficantes de personas para que los introduzcan de modo irregular a Estados Unidos: «pagan hasta 10 mil dólares a traficantes de personas».

El congresista Correa, también visitó el albergue de Fort Bliss en El Paso, Texas, y reconoció que: la situación que viven los menores «también es preocupante» hay algunos *issues* que deben corregirse. A raíz de estas observaciones el congresista ha propuesto soluciones integrales al problema como otorgar permisos de ingreso *parole* a los solicitantes de asilo, pero a la vez sugiere que: es una problemática que involucra a varios actores relevantes tanto de Estados Unidos como de México y Canadá: «La administración Biden, por fortuna, ha trabajado para poner en marcha un programa [de libertad condicional (*parole*)]... para cubanos, haitianos y nicaragüenses...[pero] la solución no depende solo de Estados Unidos sino también involucra a nuestros vecinos, Canadá y México» señaló el congresista (Correa, 2023).

En varios capítulos de este libro se abordaron las medidas emprendidas contra la reunificación familiar en referencia al ingreso irregular de los menores no acompañados, consideradas como políticas disuasivas insuficientes porque se quedan en el plano correctivo concentrándose solo en los efectos. Las dificultades que presentan las políticas disuasivas sobre los menores es que no forman parte de un plan de acción integral que considere la migración desde un acercamiento más humanitario y establezca parámetros para una migración digna y segura. Aunque se reemplace el Título 42 por el Titulo 8, los flujos migratorios continuarán en ascenso y no disminuirán de manera significativa a pesar de las vicisitudes de la larga travesía. Hay causas que le dan sentido y contenido a la agencia de los migrantes que van más allá de las políticas públicas de inversión y creación de empleos en los países de origen, porque como se ha mencionado en repetidas ocasiones el principal magneto de atracción es la reunificación familiar. Hay hechos estructurales y sistémicos que funcionan como atracción en los países de destino.

Por otra parte, también hay realidades en los países de origen que obligan a las personas a emigrar como son las desigualdades comparativas en cuanto al valor del capital humano entre sus países y el país de destino. Un salvadoreño me narró que en su localidad como albañil ganaba 7 dólares al día y en Estados Unidos obtiene 15 dólares la hora, gracias a lo que, logró un patrimonio, «compré casa y tengo un negocio propio en Intipucá, Departamento de la Unión» dijo en la entrevista.

Hay también circunstancias como la extrema pobreza, los huracanes, la desertificación por cambio climático; o, aquellas generadas por la inestabilidad política y la ausencia del estado de derecho como la corrupción, la violencia entre pandillas, la beligerancia entre grupos del crimen organizado, o la persecución por razones políticas, orientación sexual u origen étnico; que funcionan como mecanismos de rechazo. Circunstancia económicas o políticas no se resuelven con medidas de rechazo como fue la expulsión bajo la autoridad del Título 42, porque su situación o su circunstancia que lo obligó a solicitar la protección queda en el limbo debido en parte a la gran madeja burocrática propiciada por el amplio rezago en las solicitudes de asilo.

A pesar de esta incertidumbre de permanecer en el exterior a la espera, ¿qué los motiva a no ceder y tratar de ingresar a Estados Unidos, «sea como sea»? Quizá a la esperanza de que las políticas de contención migratoria cambien y que las nuevas medidas que sustituyan al Título 42 sean más laxas y en el corto plazo no impidan el acceso y la obtención de un documento que los habilite para el trabajo, la matriculación de sus hijos en la escuela y para acceso pleno a la salud. Esta narrativa es repetitiva en las entrevistas realizadas en el campamento de El Chaparral: «aquí permaneceremos intentándolo el tiempo que sea necesario», no cabe la menor duda de que esa misma concepción se mantiene como ideología viva entre los migrantes que permanecen en México en situación de espera, en *stand by.* La mayoría de los inmigrantes, como los Aqueos, han quemado sus naves, es decir, no tienen cómo regresar, detrás de su viaje no hay nada, están sin retorno, desarraigados y buscan un nexo con la vida y la esperanza.

Esos expulsados no pretenden quedarse en México (u otros países) por largos periodos sino están en constante alerta en caso de que aparezca una nueva disposición que permita su ingreso, es poco probable que tramiten su ingreso vía web o por medio de una aplicación de Internet oficial o que se radiquen para siempre en México, la realidad es que seguirán intentándolo las veces que sea necesario hasta lograr su objetivo.

Para una clara comprensión del programa conocido como Quédate en México (MPP) es necesario alejarse del maniqueísmo o de la visión *westfaliana,* no se trata de un debate entre buenos o malos, ni tampoco entre quien es más capaz de argumentar —en una negociación— la ideología nacional preponderante o la soberanía nacional entre países de tránsito y destino, porque hay una realidad político social que obliga a los países de destino a desplegar los poderes plenos del Estado, los controles migratorios (la exclusión o el rechazo) como durante la historia lo ha hecho Estados Unidos con políticas discriminatorias como la Ley de Exclusión China (1882) o la Ley del Sistema de Cuotas basada en el Origen Nacional (National Origins Quota Law, 1924) e incluso el Título 42 y más radical el Art. 235(b)(2)(C).

Los argumentos ortodoxos, positivistas o normativos, están siempre presentes en los procesos de negociación de Estados Unidos. La tradición mexicana en política exterior siempre ha sustentado, en su contenido medular, una visión humanista, iusnaturalista, incluso la política exterior feminista es considera el mejor modelo de negociación y de mayor sentido humanista.

El programa «Permanecer en México» tiene un sentido estratégico, transitorio y de corto plazo, negociado con la finalidad de darle al migrante solicitante de asilo un momento de tranquilidad mientras espera una respuesta de las autoridades migratorias estadounidenses a su solicitud de asilo. Pocos quizá tengan un conocimiento pleno de la postura de exclusión y rechazo que estaba operando antes de que el gobierno mexicano negociara, lo que bien podría ser, un respiro con sentido humanitario para los migrantes.

Previo al Protocolo de Protección al Migrante (MPP, por sus siglas en inglés), las autoridades migración estadounidense habían manifestado su intención de implementar la Sección 235(b)(2)(C) de la Ley de Inmigración y Nacionalidad (INA, por sus siglas en inglés), de manera discrecional, en perjuicio tanto de los migrantes como de las autoridades migratorias mexicanas; esta disposición permite al Departamento de Seguridad Nacional (DHS), a su discreción, con respecto a determinados extranjeros que «lleguen por tierra (a un puerto de llegada designado o no) procedentes de un territorio extranjero contiguo a los Estados Unidos (México o Canadá),... [devolver a esos extranjeros a dicho territorio en espera de un procedimiento de exclusión en virtud de la sección 240 del [INA]».

Esta disposición no es nueva, el artículo 235(b)(2)(c) se promulgó como parte de las enmiendas a la Ley de Inmigración y Nacionalidad (INA) de 2003, a través de la Ley Pública 108-156. Esta ley fue aprobada por el Congreso 108 de Estados Unidos, patrocinada por varios legisladores, entre ellos los senadores Orrin Hatch (Republicano de Utah, fallecido en 2022), Dianne Feinstein (Demócrata de California) y Charles Grassley (Republicano de Iowa).

El artículo 235(b)(2)(c) de la INA permite la expulsión acelerada de determinados extranjeros inadmisibles o que hayan cometido fraude o tergiversación en materia de inmigración. Esta disposición otorga a los funcionarios de inmigración la autoridad para expulsar a estas personas sin audiencia o revisión por un juez de inmigración, solo ciertas excepciones limitadas (víctimas de una crimen —en Estados Unidos—, testigos materiales, perseguidos políticos, etc.). Pocos tienen conocimiento que la mayoría de los centroamericanos detenidos en la frontera sur de Estados Unidos se decían siempre ser ciudadanos mexicanos para que fueran expulsados a México y volver a intentar el ingreso.

Los cónsules mexicanos, desde hace años, han entrevistado a cada supuesto nacional mexicano detenido y acusado de «entrada ilegal» (Title 8 USC, Sec. 1325), si se comprobaba su dicho, se le expedía una presunción de nacionalidad mexicana. Se trató de un trabajo consular titánico por los miles de casos que se presentaron a diario, por lo que se presumía que el DHS venía aplicando el 235(b)(2)(C) desde hace bastante tiempo sin informárselo al gobierno mexicano. Pero el incremento de las caravanas de migrantes hacia Estados Unidos le dio un giro al problema convirtiéndolo en un fenómeno mediático de alta relevancia. Estados Unidos no escatimó tono diplomático al anunciar al gobierno mexicano, desde una perspectiva westfaliana, implementar la disposición contenida en el Art. 235(b)(2)(C) de la INA a lo cual el gobierno mexicano reaccionó:

> A las ocho de la mañana, el Gobierno de Estados Unidos comunicó al Gobierno de México que el Departamento de Seguridad Interna de los Estados Unidos de América (DHS por sus siglas en inglés) tiene la intención de implementar una sección de su ley migratoria que le permitiría devolver a extranjeros, no mexicanos, a nuestro país para que aguarden aquí el desarrollo de su proceso migratorio en Estados Unidos.

México reafirma su derecho soberano de admitir o rechazar el ingreso de extranjeros a su territorio, en ejercicio de su política migratoria. Por esta soberanía, el Gobierno de México ha tomado as siguientes acciones en beneficio de las personas migrantes, en particular a los menores de edad, estén acompañados o no, así como para proteger el derecho de aquellos que desean iniciar y seguir un procedimiento de asilo en territorio de los Estados Unidos de América:

1. Autorizará, por razones humanitarias y de manera temporal, el ingreso de ciertas personas extranjeras provenientes de Estados Unidos que hayan ingresado a ese país por un puerto de entrada o que hayan sido aprehendidas entre puertos de entrada, hayan sido entrevistadas por las autoridades

de control migratorio de ese país, y hayan recibido un citatorio para presentarse ante un Juez Migratorio. Lo anterior con base en la legislación mexicana vigente y los compromisos internacionales suscritos, como la Convención sobre el Estatuto de los Refugiados, su Protocolo, así como la Convención Contra la Tortura y otros Tratos o Penas Crueles, Inhumanos o Degradantes, entre otros.

2. Permitirá que las personas extranjeras que hayan recibido un citatorio soliciten su internación a territorio nacional por razones humanitarias en los lugares destinados al tránsito internacional de personas, permanezcan en territorio nacional bajo la condición de «estancia por razones humanitarias», y puedan realizar realicen entradas y salidas múltiples del territorio nacional.
3. Garantizará que las personas extranjeras que hayan recibido su citatorio gocen con plenitud de los derechos y libertades reconocidos en la Constitución, en los tratados internacionales de los cuales es parte el Estado mexicano, así como en la Ley de Migración. Tendrán derecho a un trato igualitario sin discriminación alguna y con el debido respeto a sus derechos humanos, así como la oportunidad de solicitar un permiso para trabajar a cambio de una remuneración lo que les permitirá solventar sus necesidades básicas.
4. Procurará que la implementación de las medidas que tome cada gobierno se coordine a nivel técnico-operativo con la finalidad de desarrollar mecanismos que permitan la participación de las personas migrantes con citatorio en su audiencia ante un Juez Migratorio estadounidense, el acceso sin interferencias a información y servicios legales, así como para prevenir fraudes y abusos.

Las acciones que tomen los gobiernos de México y de Estados Unidos no constituyen un esquema de Tercer País Seguro, en el que se obligaría a las personas migrantes en tránsito a solicitar asilo en México. Están dirigidas a facilitar el seguimiento de las solicitudes de asilo en los Estados Unidos, sin que eso implique obstáculo alguno para que cualquier persona extranjera pueda solicitar refugio en México.

El Gobierno de México reitera que toda persona extranjera deberá observar la Ley mientras se encuentre en territorio nacional.[52] Resulta inadecuada la simplificación o asunción de posturas, «de lo que ha debido hacerse» porque el fenómeno de la migración internacional por su complejidad, obliga a los gobiernos y a las organizaciones defensoras de los derechos humanos a emprender acciones que, en ocasiones, son contradictorias. Hollifield y Wong (2014), dicen que el fenómeno de la migración internacional plantea tres grandes temas: En primer lugar, el papel del Estado-Nación en la contención de los flujos migratorios y el control fronterizo; en segundo lugar, por un lado, la gestión institucional de la migración internacional en cuanto a la regulación migratoria y la ciudadanía; así como la concepción de una política exterior apegada a la seguridad nacional; y un tercer elemento, la aplicación normativa vigente para la corrección de las conductas irregulares que plantea la migración internacional.

Por esto se hacen constantes reflexiones sobre la situación de los migrantes estacionados en las ciudades fronterizas del

52 Consultar Posicionamiento de México ante la decisión del Gobierno de EUA de implementar la sección 235(b)(2)(c) de su Ley de Inmigración y Nacionalidad Comunicado No. 014. En: https://www.gob.mx/sre/prensa/posicionamiento-de-mexico-ante-la-decision-delgobierno-de-eua-de-implementar-la-seccion-235-b-2-c-de-su-ley-de-inmigracion-y-nacionalidad.

norte de México. Algunos han sido expulsados de modo expedito, por autoridades estadounidenses; otros son parte de contingentes recién llegados, todos ellos con la esperanza de ingresar sin problemas a Estados Unidos. Si consideramos los temas que plantean Holliefield y Wong (2014), es muy probable que esta o las siguientes administraciones estadounidenses apliquen la normatividad vigente y sean penalizados con impedimentos de ingreso regular a Estados Unidos por lo menos durante los siguientes 10 años.

Ya en una ocasión, la administración de Joe Biden trató de derogar el MPP, pero un juez federal de Texas mantuvo su vigencia y obligó a la Casa Blanca a evitar la expulsión de menores no acompañados y procesarlos de conformidad con las disposiciones legales [Título 8 USC. § 1232(c)(2)], de esta forma los menores detenidos por la patrulla fronteriza o CBP se pusieron a disposición del HHS para hospedarles durante un tiempo limitado hasta que se localizaran a sus padres.

Según una nota de *The New York Times* (NYT), el secretario de Salud y Servicios Humanos (HHS) Xavier Becerra se declaró incompetente para la localización de 85 mil menores no acompañados que fueron encontrados en la frontera sur estadounidense y entregados en custodia a tutores o patrocinadores. Según el periódico NYT el senador James Lankford, republicano de Oklahoma, durante una audiencia de la Comisión de Finanzas del Senado preguntó al secretario Becerra sobre el paradero de los menores migrantes que habían sido entregados a patrocinadores, dijo que desde hace dos años el desconoce el paradero «perdió el contacto» con los 85 mil menores no acompañados. Una crisis sin lugar a dudas. Pero los menores no acompañados y aquellos que viajan con sus padres o tutores siguen llegando a la frontera norte de

México a pesar de las problemáticas que enfrentarán en caso ingresarlos solos a Estados Unidos.

La política migratoria de Biden tenía la intención de darle un giro a la política de Trump con respecto a los menores no acompañados, pero esta medida fue interpretada por los migrantes potenciales como un incentivo estratégico para ingresar a Estados Unidos. En los conglomerados de migrantes estacionados en distintas partes del mundo, algunos haitianos en Chile, Brasil y el sureste de México, se organizan para emprender la travesía al norte, acompañándose de un menor.

Como ya se ha asentado, concepción compartida por otros investigadores,[53] pese a la aplicación de medidas restrictivas y la aplicación de la normatividad como el Título 42 o el Título 8 del Código de Estados Unidos, los flujos migratorios se intensificarán mientras existan efectos de atracción como las fuerzas del mercado,[54] la reunificación familiar, las redes sociales o prevalezca los supuestos económicos de la

---

53 Existen unan gran variedad de textos que abordan la teoría migratoria, incluso hay discrepancia entre migrólogos sobre las causas de la emigración, pero los distintos acercamientos teóricos que permiten avanzar en la comprensión de la movilidad humana como parte intrínseca de procesos más amplios de cambio social, se pueden encontrar en esos textos que por razones de espacio y objetivo de esta investigación no se pueden abordar a plenitud. Para lograr una comprensión más significativa de la agencia y la estructura en los procesos migratorios consultar los textos de Haas (2021) y Brettell, Hollifield (2015) quien compilan sendos estudios que abordan las variables del desplazamiento y la permanencia, que en síntesis es la capacidad de las personas a elegir (Haas, 2021; Brettell, Hollifield, 2015).

54 Para algunos autores, las razones estructurales de los movimientos migratorios van más allá de la agencia, del acto de la voluntad del emigrante, sino del esquema estructural de los niveles salariales comparativos entre los países de origen y destino. Cuando la situación económica salarial en los países de origen es mayor que en los de destino, dependiendo del tipo de trabajo, el incentivo a emigrar es negativo y sólo es positivo si el salario en los países de destino es mayor. Aquí la cuestión de agencia viene acompañada de un incentivo económico y no tanto de la reunificación familiar como sería el caso de las redes sociales.

llamada autoevaluación negativa y positiva en cuanto a la relación de los salarios.

Un extraordinario trabajo desarrollado por Roy en 1951 establece variables comparativas que impulsan la emigración de un lugar de origen de menor ingreso salarial a otro de mayor ingreso, por supuesto, se adicionan otras variables como educación, salud y seguridad integradas al Modelo. En este sentido las políticas restrictivas como el Título 42 o el Titulo 8 no modifican esas variables estructurales de los flujos migratorios, aunque en un principio reduzcan los flujos migratorios irregulares.

En el Modelo Roy, por ejemplo, en Estados Unidos, se presenta la dispersión en las calificaciones entre grupos de distinto origen nacional porque distintos tipos de inmigrantes proceden de diferentes países. ¿Qué subconjunto de trabajadores emigran a Estados Unidos? ¿Los más calificados o a los menos calificados? Pensemos en los trabajadores que residen en un país que ofrece una tasa de rendimiento inferior al valor del capital humano en comparación con otro donde los trabajadores calificados tienen un rendimiento salarial superior por su trabajo. Incluso trabajadores no calificados que obtienen un salario menor en su país de origen en comparación con el país de destino.

Esta es una situación típica de países como Suecia que tienen una distribución de la renta de relativa igualdad y un sistema tributario sobre la renta que confisca los beneficios del trabajador. Un trabajador sueco tendrá menos incentivos para incrementar su nivel de calificación, si es que piensa en el rendimiento del valor de capital humano, porque si incrementa su destreza e invierte más en capital humano, tendrá una diferencia mínima de ingreso con otro que está más calificado.

Esta política impositiva de los países nórdicos corresponde a una intervención directa en la distorsión de los mercados laborales (cuya oferta y demanda de fuerza laboral no fija el precio real del capital humano) pero inhibe la emigración de los nativos menos calificados, pero sí atrae a migrantes en busca de ese «seguro» de bienestar al trabajo menos calificado. En Estados Unidos no se da esta situación sino al contrario el mercado laboral atrae a trabajadores tanto calificados como no calificados de países desarrollados y de países emergentes. No hay una distorsión del mercado laboral sino fuerzas de atracción generadas por las oportunidades de empleo que se presentan dentro de la estructura económica, alta inversión en capital y escasa fuerza laboral tanto no calificada como muy calificada.

Los países en desarrollo (emergentes) como México, Honduras, Guatemala, El Salvador, Haití, etc., presentan una desigualdad importante en los mercados laborales donde el trabajador menos calificado no tiene la esperanza, ni a mediano ni a largo plazo, de incrementar su ingreso económico vía uso intensivo de su fuerza laboral, pero si toma la decisión de emigrar a Estados Unidos podría obtener mayores beneficios (Modelo Roy). Lo mismo sucede con los desplazados por violencia, cambio climático o persecución, se desplazan con la intención de obtener mayores beneficios (autoevaluación positiva a emigrar) en seguridad, bienestar social y empleo.

Sería interesante levantar un censo formal sobre los ingresos salariales de los migrantes en sus países de origen; en entrevistas aleatorias realizadas a residentes en Estados Unidos se obtuvo información interesante, un pequeño número de migrantes informales que suelen vender comida en las calles de Santa Ana, California, dijeron que en Puebla unos trabajaban como obreros y otros vendían café y pan en las calles, pero «aquí» conocieron a un paisano que los invitó a participar en su negocio de venta de tamales en «esquinas concurridas»; dijeron obtener por la venta diaria de ese producto de 450 a 500 dólares por «tambo».

Casos similares se presentan en trabajos de plomeros, albañiles, mecánicos, etc., indican que su autoevaluación a emigrar fue positiva. En el caso de México, a partir de 2008 se ha incrementado la autoevaluación negativa a emigrar como producto del cambio demográfico, de mejores niveles de ingreso por familia, más educación y menos hijos por familia. En este sentido, los cambios demográficos estructurales aceleran o desaceleran la migración.

Referencias bibliográficas

(n.d.). Retrieved from DHS GO: https://www.dhs.gov/news/2021/03/16/statement-homeland-security-secretary-alejandro-n-mayorkas-regarding-situation

ACF Press Office (17 de septiembre del 2021). *Unaccompanied Children (UC) Program.* Retrieved from HHS Gov. : https://www.hhs.gov/sites/default/files/uac-program-fact-sheet.pdf

ACLU (2014). Retrieved from https://www.aclu.org/legal-document/rights-children-immigration-process

ACLU (29 de enero del 2021). Retrieved from https://www.aclu.org/press-releases/aclu-comment-title-42-immigration-stay-ruling

ACLU (2021). *Title 42.*

Alvarez, P. (31 de marzo del 2021). *CNN.* Retrieved from US on track to encounter record 2 million migrants on the Southern border, government stimates show: https://www.cnn.com/2021/03/31/politics/migrants-us-southern-border/index.html

Amon, J., & et.al. (18 de mayo del 2020). *Public Health Experts Urge U.S. Officials to Withdraw Order Enabling Mass Expulsion of Asylum Seekers.* Retrieved from Mailman School of Public Health Columbia : https://www.publichealth.columbia.edu/public-health-now/news/public-health-experts-urge-us-officials-withdraw-order-enabling-mass-expulsion-asylum-seekers

Arango, J. (2003). Las «Leyes de las Migraciones» de E. Ravenstein, cien años después. *Reis*, pp. 7-26.

Astles, J. (2016). *Migrant Caravans: Explained.* Retrieved from IOM UN Migration: https://rosanjose.iom.int/SITE/en/blog/migrant-caravans-explained

Austin, J. (1995). *The Province of Jurisprudence Determined.* (W. E. Rumble, Ed.) Cambridge, Reino Unido: Cambridge University.

BBC World (3 de agosto del 2021). *Covid: Biden to continue Trump´s Title 42 migrant expulsions.* Retrieved from BBC: https://www.bbc.com/news/world-us-canada-58077311

Benford, R. D., & Snow, D. A. (2000). Framing Processes and Social Movements: An Overview and Assessment. *Annual Review of Sociology*, 611-639.

Bentham, J., & Hart, H. (1970). *Collected works of Jeremy Bentham.* Londres, Inglaterra: Athlone Press.

Besharov, D. J., & López, M. H. (2016). *Adjusting to a World in Motion. Trends in global migration and migration policy.* New York: Oxford University Press.

Biden, J. (2 de febrero del 2021). *Executive Order on Creating Comprenhensive Regional Framework to Manage Migration...* Retrieved from White House: https://www.whitehouse.gov/briefing-room/presidential-actions/2021/02/02/executive-order-creating-a-comprehensive-regional-framework-to-address-the-causes-of-migration-to-manage-migration-throughout-north-and-central-america-and-to-provide-safe-and-orderl

Biden-Harris. (22 de abril del 2021). *Battle for the Soul of the Nation.* Retrieved from Joe Biden Plan for Securing Our Values as a Nation of Immigrants: https://joebiden.com/immigration/

Bolter, J. (octubre del 2021). *It Is Too Simple to Call 2021 a Record Year for Migration at the U.S.-Mexico Border.* Retrieved from Migration Policy Institute: https://www.migrationpolicy.org/news/2021-migration-us-mexico-border

Castañeda, A. (febrero del 2016). *¿Qué es el Programa Frontera Sur?* Retrieved from Observatorio Colef: https://observatoriocolef.org/wp-content/uploads/2016/06/BOLETÍN-1-Alejandra-Castañeda.pdf

CBP (14 de noviembre del 2019). *Southwest Border Migration FY 2019.* Retrieved from CBP GOV: https://www.cbp.gov/newsroom/stats/sw-border-migration/fy-2019

CBP (20 de noviembre del 2020). Retrieved from https://www.cbp.gov/newsroom/stats/cbp-enforcement-statistics/title-8-and-title-42-statistics-fy2020

CBP (20 de julio del 2021). *Nationwide Enforcement Encounters: Title 8 Enforcement Actions and Title 42 Expulsions.* Retrieved from CBP.GOV: https://www.cbp.gov/newsroom/stats/cbp-enforcement-statistics/title-8-and-title-42-statistics

CDN (18 de noviembre del 2020). *P.J.E.S. v. Chad F. Wolf.* Retrieved from Civil Action No. 20-2245: http://cdn.cnn.com/cnn/2020/images/11/18/pjes_v_wolf_et_al__dcdce.pdf

CFR (14 de marzo del 2021). *Code of Federal Regulations a point in time.* Retrieved from ECFR Gov: https://www.ecfr.gov/current/title-8

Cheatham, A. (4 de mayo del 2021). *U.S. Detention of Child Migrants.* Retrieved from Council of Foreign Relations: https://www.cfr.org/backgrounder/us-detention-child-migrants

Clough, C. (20 de julio del 2021). *Groups Sue Info On COVID-19 Migrant Expulsions.* Retrieved from Law 360: https://www.law360.com/articles/1324611

Congress of the United States. (2021, Marzo 4). *Antony Blinken.* Retrieved from House.Gov: https://lowenthal.house.gov/sites/lowenthal.house.gov/files/Sec.%20Blinken%20human%20rights%20in%20Mexico%20signed.pdf

Contreras, O. (Producer; 2021). *Diseño de Investigación (Primera parte)* [Motion Picture]. Tijuana, Baja California: Colegio de la Frontera Norte.

Cooper, B., & O´Neil, K. (2005, Agosto). *Lessons from the Immigration Reform and Control Act of 1986.* Retrieved from Migration Policy Institute: https://www.migrationpolicy.org/sites/default/files/publications/PolicyBrief_No3_Aug05.pdf

Cornell Law School (16 de diciembre del 2020). *8 CFR § 1240.26 - Voluntary departure - authority of the Executive Office for Immigration Review.* Retrieved from Legal Information Institute: https://www.law.cornell.edu/cfr/text/8/1240.26

Corwin, A. F. (1978). The study and interpretation of Mexican labor migration: An introduction. In *Immigrants-and Immigrants. Perspectives on Mexican Labor Migration to the United States* (pp. 3-24). Connecticut: Greenwood Press Inc.

Creswell, J. W. (2003). *Research Design. Qualitative, Quantitative, and Mixed Methods Aproches.* London: Sage Publications.

CRS (1 de septiembre del 2021). *Unaccompanied Alien Children: An Overview.* Retrieved from SGP FAS: https://sgp.fas.org/crs/homesec/R43599.pdf

C-Span (25 de junio del 2020). Retrieved from https://www.c-span.org/video/?473378-1/senate-hearing-customs-border-protection-oversight

C-Span (17 de junio del 2021). *Homeland Security Department Fiscal Year 2022 Budget Request.* Retrieved from C-Span.Org: https://www.c-span.org/video/?512557-1/homeland-security-secretary-testifies-2022-budget

Czeisler, C. A. (12 de julio del 2018). Housing Immigrant Children — The Inhumanity of Constant Illumination. *New England Journal of Medicine*, pp. 1-3.

DHS (21 de febrero del 2017). Retrieved from https://www.dhs.gov/news/2017/02/21/qa-dhs-implementation-executive-order-border-security-and-immigration-enforcement

DHS (23 de septiembre del 2019). *Acting Secretary McAleenan Announces End to Widespread Catch and Release.* Retrieved from Homeland Security: https://www.dhs.gov/news/2019/09/23/acting-secretary-mcaleenan-announces-end-widespread-catch-and-release

DHS (19 de octubre del 2020). *Fact Sheet: DHS Measures on the Border to Limit the Further Spread of Coronavirus.* Retrieved from DHS GOV: https://www.dhs.gov/news/2020/10/19/fact-sheet-dhs-measures-border-limit-further-spread-coronavirus

DHS (19 de octubre del 2020). *Homeland Security.* Retrieved from Fact Sheet: DHS Measures on the Border to Limit the Further Spread of Coronavirus: https://www.dhs.gov/news/2020/10/19/fact-sheet-dhs-measures-border-limit-further-spread-coronavirus

DHS (2 de agosto del 2021). Retrieved from https://www.dhs.gov/news/2021/08/02/dhs-statement-updated-cdc-order

DHS (16 de marzo del 2021). *Statement by Homeland Security Secretary Alejandro N. Mayorkas Regarding the Situation at the Southwest Border.* Retrieved from DHS GOV: https://www.dhs.gov/news/2021/03/16/statement-homeland-security-secretary-alejandro-n-mayorkas-regarding-situation

Dinas, E. (13 de marzo del 2013). Select Why Does the Apple Fall Far from the Tree? How Early Political Socialization Prompts Parent-Child Dissimilarity Why Does the Apple Fall Far from the Tree? How Early Political Socialization Prompts Parent-Child Dissimilarity. *British Journal of Political Science, 44*(4), 827-852.

Domonoske, C. (19 de junio del 2018). *What We Know: Family Separation And 'Zero Tolerance' At The Border.* Retrieved from NPR: https://www.npr.org/2018/06/19/621065383/what-we-know-family-separation-and-zero-tolerance-at-the-border

Dreby, J. (mayo del 2015). U.S. immigration policy and family separation: The consequences for children´s well-being. *Social Science & Medicine,* pp. 245-251.

Erfani, A. (15 de abril del 2020). *The Latest Brick In The Wall: How The Trump Administration Unlawfully 'Expels' Asylum Seekers & Unaccompanied Children In The Name Of Public Health.* Retrieved from National Immigrant Justice Center: https://immigrantjustice.org/staff/blog/latest-brick-wall-how-trump-administration-unlawfully-expels-asylum-seekers

Felter, C., Renwick, D., & Cheatham, A. (31 de agosto del 2021). *The U.S. Immigration Debate.* Retrieved from Council of Foreign Relations: https://www.cfr.org/backgrounder/us-immigration-debate-0?gclid=Cj0KCQjwkIGKBhCxARIsAINMioJXr9m1t7Chl_o6VVc1gvACPN5GNFdOT9nCVvt2ydqFz06AZNUsb_0aAggDEALw_wcB

Fitzgerald, D. S. (2014). The Sociology of International Migration. In C. B. Brettell, & J. F. Holliefield, *Migration theory: talking across disciplines* (pp. 119-120). New York: Routledge.

Gamio, M. (1930). Capitulo 1. Número, procedencia y distribución geográfica de los inmigrantes mexicanos en Estados Unidos. Mexico, D.F.: Talleres Gráficos de la Nación.

Gandini, L., Fernández de la Reguera, A., & Narváez Gutiérrez, J. C. (2020). *Caravanas.* Ciudad de México: UNAM.

GAP (28 de julio del 2021). *Second Protected Whistleblower Disclosures of Gross Mismanagement by the Department of Health and Human Services at Fort Bliss, Texas Causing Specific Dangers to Public Health and Safety.* Retrieved from Government Accountability Project: https://drive.google.com/file/d/1wrZNY8-x_3MHrD5BQsmfcGR3TFYIClGp/view

Giaritelli, A. (5 de octubre del 2021). *More than 400,000 sneaked over southern border and got away in past year, former Border Patrol head says.* Retrieved from Washington Examiner: https://www.washingtonexaminer.com/news/many-sneaked-over-southern-border-and-got-away-in-past-year

GovInfo (6 de noviembre de 1986). *Public Law 99-603.* Retrieved from Gov Info: https://www.govinfo.gov/content/pkg/STATUTE-100/pdf/STATUTE-100-Pg3445.pdf

GovInfo (16 de agosto del 2021). *USCODE.* Retrieved from Inadmissible aliens: https://www.govinfo.gov/content/pkg/USCODE-2011-title8/html/USCODE-2011-title8-chap12-subchapII-partII-sec1182.htm#1182_1_target

GPO (20 de julio del 2021). *Title 42 - The public health and welfare.* Retrieved from GovInfo: https://www.govinfo.gov/content/pkg/USCODE-2011-title42/html/USCODE-2011-title42-chap6A-subchapII-partG.htm

Griseta, M. (2016). *Connecting People and Place Prosperity in Chicago´s Near North.* Urban and Regional Planning. Chicago: University of Illinois at Urbana-Campaign.

Hansen, C. (16 de mayo del 2019). *President Trump´s Immigration Vision Would Reshape The Visa System.* Retrieved from U.S. News: https://www.usnews.com/news/politics/articles/2019-05-16/president-trumps-immigration-vision-would-reshape-the-visa-system

Hart, H. (1994). *The Concept of Law.* New York: Oxford University Press.

Held, D. (1980). *Introduction to Critical Theory.* Los Angeles, California: University of California Press.

Henderson, T. (2011). *Beyond Borders. A History of Mexican Migration to the United States.* Oxford, Reino Unido: Wiley-Blackwell.

HHS (30 de enero del 2015). *Children Entering the United States Unaccompanied: Section 2.* Retrieved from Department of Health and Human Services: https://www.acf.hhs.gov/orr/policy-guidance/children-entering-united-states-unaccompanied-section-2

HHS (20 de octubre del 2021). *Unaccompanied Children Program.* Retrieved from Health Data Gov.: https://healthdata.gov/National/Unaccompanied-Children-Program/mtih-xxbi

Hill, M., & Hupe, P. (2002). *Implememting Public Policy.* Londres, Reino Unido: Sage Publications, Ltd.

Hill, R. C., Griffiths, W. E., & Lim, G. C. (2007). *Principles of Econometrics.* New Jersey: John Willey & Sons, Inc.

Homeland Security (21 de julio del 2021). *DHS.ORG.* Retrieved from Implementation of Title 42 USC 265 at the Northern and Southern Land Borders: https://www.dhs.gov/medialibrary/collections/13774

HRW (16 de abril del 2020). *Over 180 Rights Groups Urge Trump Administration to Halt Border Expulsions, Protect Domestic.* Retrieved from https://www.hrw.org/news/2020/04/16/over-180-rights-groups-urge-trump-administration-halt-border-expulsions-protect

Immigration and Nationality Act (15 de marzo del 2021). *§ 242 (8 USC 1252) Judicial review of orders of removal.* Retrieved from Law and Software: http://www.lawandsoftware.com/ina/INA-242-sec1252.html

Immigration Service (3 de agosto 2021). Asylum. Retrieved from USCIS Gov: https://www.uscis.gov/humanitarian/refugees-and-asylum/asylum

INA (18 de agosto del 2021). *Immigration and Nationality Act 2011.* Retrieved from Law and Software: http://www.lawandsoftware.com/ina/INA-241-sec1231.html#a_1_A

Information Institute (16 de marzo del 2021). *8 U.S. Code § 1231 - Detention and removal of aliens ordered removed.* Retrieved from Law Cornell Legal Encyclopedia: https://www.law.cornell.edu/uscode/text/8/1231

Insight Crime (22 de marzo del 2021). *La Unión, El Salvador. Perfiles geográficos.* Retrieved from Insight Crime: https://es.insightcrime.org/noticias-crimen-organizado-el-salvador/la-union-el-salvador/

Justice Gov (18 de agosto del 2021). *Executive office for immigration review adjudication statistics.* Retrieved from https://www.justice.gov/eoir/page/file/1242491/download

Keller, A., Rasmussen, A., Reeves, K., & Rosenfeld, B. (febrero del 2005). *Evaluation of credible fear referral in expedited removal at ports of entry in the United States.* Retrieved from USCIRF: https://www.uscirf.gov/sites/default/files/resources/stories/pdf/asylum_seekers/evalCredibleFear.pdf

Kranish, M., & Fisher, M. (2016). *Trump Revealed. The Definitive Biography of the 45th President.* New York: Simon and Schuster LTD.

Kulish, N., Yee, V., & et al. (2017, Febrero 21). Trump´s Immigration Policies Explained. *The New York Times.*

Legal Information Institute (14 de diciembre del 2020). *8 CFR § 241.14 - Continued detention of removable aliens on account of special circumstances.* Retrieved from Cornell Law School: https://www.law.cornell.edu/cfr/text/8/241.14

Legal Information Institute (19 de julio del 2021). *6 U.S. Code § 279 - Children's affairs.* Retrieved from Cornell Law School: https://www.law.cornell.edu/uscode/text/6/279

Legal Information Institute (18 de agosto del 2021). *8 CFR § 245a.1 - Definitions.* Retrieved from LII: https://www.law.cornell.edu/cfr/text/8/245a.1

Lewis, W. (1954). *Economic Development with Unlimited Supplies of Labour.* Retrieved from University of Texas: https://la.utexas.edu/users/hcleaver/368/368lewistable.pdf

Martínez Caballero, G. (marzo del 2020). *Unidad de política migratoria, registro e identidad de personas.* Retrieved from SEGOB: http://portales.segob.gob.mx/work/models/PoliticaMigratoria/CEM/Estadistica/NNA/NNA_Sintesis_2019.pdf

Martínez, R. S. (20 de julio del 2020). *United States District Court for the Western District of Washington at Seattle.* Retrieved from Justice Gov.: https://www.justice.gov/eoir/page/file/1307231/download

Massey, D. S., & Pren, K. A. (30 de julio del 2012). *Unintended Consequences of U.S. Immigration Policy: Explaining the Post-1965 Surge from Latin America.* Retrieved from HHS Public Access: https://www.ncbi.nlm.nih.gov/pmc/articles/PMC3407978/

Massey, D. S., Arango, J., Hugo, G., Kouaouci, A., Pellegrino, A., & Taylor, J. E. (1993). Theories of International Migration: a Review and Appraisal. *Population and Development Review*, 19(3), 431–466. https://www.jstor.org/stable/2938462.

Mayorkas, A. N. (2021, Marzo 16). *Statement by Homeland Security Secretary Alejandro N. Mayorkas Regarding the Situation at the Southwest Border.* Retrieved from https://www.dhs.gov/news/2021/03/16/statement-homeland-security-secretary-alejandro-n-mayorkas-regarding-situation

Mincberg, E. (14 de febrero del 2021). *Trump Judges Block Order Against Trump Policy of Summarily Expelling Minors at the Border; Confirmed Judges, Confirmed Fears.* Retrieved from PFAW: https://www.pfaw.org/blog-posts/trump-judges-block-order-against-draconian-trump-policy-of-summarily-expelling-minors-at-the-border-confirmed-judges-confirmed-fears/

Miroff, N. (28 de julio del 2021). *Along Mexico border, covid spike and more migrant families stall plans to end Title 42 expulsions.* Retrieved from The Washington Post: https://www.washingtonpost.com/immigration/

title-42-biden-border-covid/2021/07/28/aeeca526-efa7-11eb-ab6f-b41a066381df_story.html

Mishori, R. (15 de febrero del 2020). *American Family Physician.* Retrieved from U.S. Policies and Their Effects on Immigrant Children's Health: https://www.aafp.org/afp/2020/0215/afp20200215p202.pdf

Mishori, R. (15 de febrero del 2020). *American Family Physician.* Retrieved from U.S. Policies and Their Effects on Immigrant Children's Health: https://www.aafp.org/afp/2020/0215/afp20200215p202.pdf

Montoya Galvez, C. (22 de junio del 2020). *Migrant children endure "despair and isolation" inside tent city in the Texas desert.* Retrieved from CBS News: https://www.cbsnews.com/news/immigration-migrant-children-fort-bliss-tent-city-texas/

Montoya Gálvez, C. (15 de octubre del 2021). *Few migrants processed under Title 42 border policy are screened for U.S. protection.* Retrieved from CBS News: https://www.cbsnews.com/news/immigration-title-42-border-policy-migrants-screened-us-protection/

Neuman, G. L. (2013). The Open Borders Myth. In M. M. Ngai, & J. Gjerde, *Major Problems in American Immigration History* (pp. 82-88). Boston, MA: Wadsworth.

Ngai, M. M., & Gjerde, J. (2013). 3. Naturalization Act of 1790. In *Major Problems in Amerian Immigration History* (p. 78). Boston, MA: Wadsworth.

Office of Inspector General. (2021, Mayo 25). *Toolkit: Insights from OIG's Work on the Office of Refugee Resettlement's Efforts To Care for Unaccompanied Children.* Retrieved from OIG HHS: https://oig.hhs.gov/oei/reports/OEI-09-21-00220.asp

OIG (13 de agosto del 2021). *Public Health Actions Affecting Unaccompanied Children: Coordination Between CDC and the Office of Refugee Resettlement.* Retrieved from Office of Inspector General: https://oig.hhs.gov/reports-and-publications/workplan/summary/wp-summary-0000522.asp

ONU (2018b). *Pacto Mundial sobre Refugiados.* Nueva York: Naciones Unidas.

Phillips, N. (2021, Febrero 16). *The coronavirus is here to stay — here's what that means.* Retrieved from Nature: https://www.nature.com/articles/d41586-021-00396-2

Pierce, S., & Bolter, J. (julio del 2020). *Migration Policy.* Retrieved from Dismantling and Recostructing the U.S. Immigration System: https://www.migrationpolicy.org/sites/default/files/publications/MPI_US-Immigration-Trump-Presidency-Final.pdf

Pressman, J. L., & Wildavsky, A. (1984). *Implementation. How great expectations in Washington are dashed in Oakland.* Berkeley, California: University of California.

Rappaport, N. (26 de julio del 2021). *Migrant children at military bases. What is Biden doing?* Retrieved from The Hill: https://thehill.com/opinion/immigration/564766-migrant-children-at-military-bases-what-is-biden-doing

Redfield, R. R. (20 de marzo del 2020). *Order Suspending Introduction of Certain Persons From Countries Where a Communicable Disease Exists.* Retrieved from CDC: https://www.cdc.gov/quarantine/pdf/CDC-Order-Prohibiting-Introduction-of-Persons_Final_3-20-20_3-p.pdf

Rojas, A. G. (20 de enero del 2020). *Migración a Estados Unidos: la desesperación de los migrantes «atrapados en México» que envían solos a sus hijos a EE.UU.* Retrieved from BBC Mundo: https://www.bbc.com/mundo/noticias-america-latina-50921735

Rosenblum, M. R., & Ball, I. (enero del 2016). *Trends in Unaccompanied Child and Family Migration from Central America.* Retrieved from MPI: https://www.migrationpolicy.org/sites/default/files/publications/UnaccompaniedMinors-Factsheet-FINAL.pdf

Samuels, B., & Beitsch, R. (24 de septiembre del 2021). *Mayorkas defends Biden policies on migrants in tense White House briefing.* Retrieved from The Hill: https://thehill.com/homenews/administration/573875-mayorkas-defends-biden-policies-on-migrants-in-tense-white-house

Sánchez, M., Diez, S., Fava, N. M., Cyrus, E., & et.al. (29 de abril del 2019). *Immigration Stress among Recent Latino Immigrants: The Protective

Role of Social Support and Religious Social Capital. Retrieved from NIH: https://pubmed.ncbi.nlm.nih.gov/31033427/

Sandhu, M. (26 de diciembre del 2020). *Unprecedented Expulsion of Immigrants at the Southern Border: The Title 42 Process.* Retrieved from Harvard Law: https://covidseries.law.harvard.edu/unprecedented-expulsion-of-immigrants-at-the-southern-border-the-title-42-process/

Sawyer, A. (15 de octubre del 2020). *CDC Director Doubles Down on endangering Asylum Seekers.* Retrieved from https://www.hrw.org/news/2020/10/15/cdc-director-doubles-down-endangering-asylum-seekers#

Spagat, E., & Jaffe, A. (8 de abril del 2021). *Number of child migrants crossing the border alone hits an all-time high in March.* Retrieved from https://www.sandiegouniontribune.com/latino-coverage/story/2021-04-08/unaccompanied-minors-march?expandComments=true

SPLC (17 de junio del 2020). F*amily separation under Trump administration a timeline.* Retrieved from SPLC. Org: https://www.splcenter.org/news/2020/06/17/family-separation-under-trump-administration-timeline

SPLC (10 de febrero del 2021). *Continued use of Title 42 unacceptable; mass expulsions must end.* Retrieved from Southern Poverty Law Center: https://www.splcenter.org/presscenter/splc-continued-use-title-42-unacceptable-mass-expulsions-must-end

SRE (14 de octubre del 2021). *Relacionada a las conversaciones entre México y Estados Unidos sobre temas migratorios.* Retrieved from Gob. Mex.: https://www.gob.mx/sre/documentos/nota-informativa-relaciones-exteriores-no-17-285524?state=published

State Gov (1 de enero del 2018). *William Wilberforce Trafficking Victims Protection Reauthorization Act of 2008.* Retrieved from https://2017-2021.state.gov/william-wilberforce-trafficking-victims-protection-reauthorization-act-of-2008/index.html

Taglauer, C. (2005). *World Food Prize.* Retrieved from Poverty in Central America and Mexico: https://www.worldfoodprize.org/documents/

filelibrary/images/youth_programs/research_papers/2005_papers/FairfieldHighSchool_89F7DC9A8EFA1.pdf

Tavory, I., & Timmermans, S. (2014). *Abductive Analysis. Theorizing Qualitative Research.* Chicago, Ilinois. USA: University of Chicago Press.

Torradorociό, S., Montes, L., & et.al. (8 de agosto del 2021). *El éxodo silencioso de los haitianos en América Latina.* Retrieved from El País: https://elpais.com/internacional/2021-08-09/el-exodo-silencioso-de-los-haitianos-en-america-latina.html

U.S. Deptartment of State (28 de agosto del 2021). *Family based immigration.* Retrieved from Travel State Gov.: https://travel.state.gov/content/travel/en/us-visas/immigrate/family-immigration.html

United States Deparment of State (2004). *U.S. Legal System.* Retrieved from USINFO: http://usinfo.state.gov

Unger, R. M. (2015). *The Critical Legal Studies Movement.* Verso.

USC (18 de agosto del 2021). *Detention and Removal of Aliens.* Retrieved from House Gov.: https://uscode.house.gov/view.xhtml?req=(title:8%20section:1231%20edition:prelim)#sourcecredit

USCBP (14 de agosto del 2021). *U.S. Border Patrol Southwest Border Apprehensions by Sector.* Retrieved from CBP GOV: https://www.cbp.gov/newsroom/stats/southwest-land-border-encounters/usbp-sw-border-apprehensions

USCIS (14 de diciembre del 2020). *Temporary Protected Status.* Retrieved from USCIS.GOV: https://www.uscis.gov/humanitarian/temporary-protected-status

USCIS (20 de marzo del 2021). *Central American Minors (CAM) Refugee and Parole Program.* Retrieved from USCIS.GOV: https://www.uscis.gov/CAM

USCIS (16 de agosto del 2021). *Chapter 4 - Permanent Bars to Good Moral Character.* Retrieved from https://www.uscis.gov/policy-manual/volume-12-part-f-chapter-4

USCIS (16 de agosto del 2021). *Green Card Eligibility Categories.* Retrieved from USCIS GOV: https://www.uscis.gov/green-card/green-card-eligibility-categories

USDC (22 de agosto del 2015). *Flores vs. U.S. Attorney General.* Retrieved from Alla Org.: https://www.aila.org/File/Related/14111359p.pdf

USDOJ. (2021, Enero 14). *DEPORTATION PROCEEDINGS AND EXCLUSION PROCEEDINGS.* Retrieved from US Department of Justice: https://www.justice.gov/eoir/eoir-policy-manual/7/2

USIS (8 de julio del 2021). *Inmigration and Nationality Act.* Retrieved from USIS.GOV: https://www.uscis.gov/laws-and-policy/legislation/immigration-and-nationality-act

Villegas, P. (29 de octubre del 2019). *Detentions of Child Migrants at the U.S. Border Surges to Record Levels.* Retrieved from The New York Times: https://www.nytimes.com/2019/10/29/world/americas/unaccompanied-minors-border-crossing.html?.?mc=aud_dev&ad-keywords=auddevgate&gclid=CjwKCAjw-ZCKBhBkEiwAM4qfF0hR4U4Rp2IFUZA_aV8gj7ajVfKUHdDGGSgqVERbOnPzT1h8Ba68shoCbaIQAvD_BwE&gclsrc=aw.ds

Ward, I. (2004). *Introduction to Critical Legal Theory.* Londres, Inglaterra: Cavendish Publishing Limited.

Wheelan, C. (2011). *Introduction to Public Policy.* Nueva York: W.W. Norton & Company.

Wong, T. K. (19 de octubre del 2019). *Seeking Asylum: Part 2.* Retrieved from USIPC: https://usipc.ucsd.edu/publications/usipc-seeking-asylum-part-2-final.pdf

Wood, L. C. (24 de julio del 2018). *Impact of punitive immigration policies, parent-child separation and child detention on the mental health and development of children.* Retrieved from BMJ Paeds Open: https://bmjpaedsopen.bmj.com/content/bmjpo/2/1/e000338.full.pdf

Zak, D. (11 de marzo del 2021). *What´s Happening at the Southern Border, Explained.* Retrieved from National Immigration Forum : https://immigrationforum.org/article/explainer-whats-happening-at-the-u-s-mexico-border/

www.ingramcontent.com/pod-product-compliance
Lightning Source LLC
LaVergne TN
LVHW060449051026
849518LV00002B/683
* 9 7 8 6 1 2 4 9 3 6 6 2 3 *